● 二十一世纪"双一流"建设系列精品规划教材

经管类跨专业综合仿真实验

JINGGUANLEI KUA ZHUANYE ZONGHE FANGZHEN SHIYAN

主 编 李 幸

西南财经大学出版社

中国·成都

图书在版编目（CIP）数据

经管类跨专业综合仿真实验/李幸主编．—成都：西南财经大学出版社，
2019.10
ISBN 978-7-5504-4068-5

Ⅰ.①经…　Ⅱ.①李…　Ⅲ.①经济管理—仿真—实验—高等学校—教材
Ⅳ.①F2-39

中国版本图书馆 CIP 数据核字（2019）第 173087 号

经管类跨专业综合仿真实验
主编　李幸

责任编辑:高小田
封面设计:墨创文化　张姗姗
责任印制:朱曼丽

出版发行	西南财经大学出版社(四川省成都市光华村街55号)
网　　址	http://cbs.swufe.edu.cn
电子邮件	bookcj@swufe.edu.cn
邮政编码	610074
电　　话	028-87353785
照　　排	四川胜翔数码印务设计有限公司
印　　刷	郫县犀浦印刷厂
成品尺寸	185mm×260mm
印　　张	15
字　　数	339 千字
版　　次	2019 年 10 月第 1 版
印　　次	2019 年 10 月第 1 次印刷
书　　号	ISBN 978-7-5504-4068-5
定　　价	35.00 元

前　言

　　随着社会经济的高速发展，国家对经济、管理专业人才的需求愈加旺盛，对综合性人才创新、创业实践能力的培养，日益成为高校人才培养的重要目标之一。大学在创新人才培养、知识创新以及创新型国家建设中，承担着重要的社会责任。提高大学生创新、创业能力，加快培养高素质创新、创业人才，使之更好地为社会进步和经济发展服务，正是"经管类跨专业综合仿真实验"课程诞生与发展的时代背景。

　　西南财经大学经济管理实验教学中心，作为国家级实验教学示范中心，在实验教学改革实践中，依托"虚拟仿真商业社会环境"实验平台、仿真教学场所平台和自制实验教具平台，在全国率先构建了"多专业、同时间、多方式"的创新实验教学课程——"经管类跨专业综合仿真实验"。该课程覆盖专业广泛：将人力资源、企业管理、财务管理、市场营销、仓储物流、资本运作等26个专业模块有效整合，形成网状仿真综合实验平台。学生在仿真商业环境中，感性而相对自主地构建上、下游行业协同，促进供应链、生产链、流通链高度整合。该课程强化了学生对产业环境、企业经营决策、企业管理、竞争对抗、业务训练等专业技能的认知；有效培养和提升了学生的职业素养和创新、创业能力，为社会培养适应协同工作环境的新一代综合型人才。

　　创新的实验教学课程，需要创新的实验教学理念、教学方法。首先，"以学生为中心"，转变教师角色。教师是课程的设计者、组织者、动员者，突出学生的主体地位，通过引导学生独立决策和创造性实验来激励、培养他们的创新能力和创业行为。其次，"重体验过程"，创新学习成果考核方式。将单一、集中的知识性考核转变成态度、能力、技能、知识等多维度、多阶段、多评价者考核。最后，"重反思总结"，培养学生痕迹化管理的学习与工作习惯。指导学生在参与仿真实验的过程中，养成阶段性总结、交流、学习、反思、改进的学习与工作习惯，以促进学生知识内化，提升综合能力。为此，本书在编写体例上体现如下特色：

（1）协同设计跨专业综合业务开展

本书不再将政府、企业、商业服务机构的业务独设章节，通过协同业务合作，以时间进度为单位，为学生营造更加全面、互动、深入的跨专业综合模拟仿真实验环境。协同设计跨专业综合业务开展，有利于增强学生对不同行业、不同岗位、不同职业技能的理解，拓宽学生学习、工作的专业视野，提升课程对综合素质、创新、创业能力培养的高度和质量。

（2）强调数据统计分析在行课中的应用

鉴于本课程非常重视"阶段性反思总结"的教学方法，结合课程建设的长期一线经验，我们发现学生在反思总结的过程中，多数以感性认知总结为主，未能主动运用阶段性经营、管理数据，进行更加客观、全面、理性、力证的总结。本书配合行课进度，设计了多种多样的数据表格，直观、便捷、规范地引导学生，在每阶段反思总结时，通过完成表格填制，自然运用数据统计分析方法，得到更加客观、深刻的反思结论，提升学生知识内化的层次与品质。

（3）增加组织文化建设在教学中的运用

"经管类跨专业综合仿真实验"课程，不仅发挥着对人才综合知识、技能的培养功能，也发挥着对人才价值观、职业品行的教育功能。学生全程参与高度仿真的商业社会管理与运营，自然而然会形成个性化的组织文化。这些组织文化建设活动，不仅有利于增强课程的趣味性和人情味，也有利于锻炼学生的综合素质与能力，全面考查学生学习、工作的态度和能力，更将社会主义核心价值观教育很好地融入了教学过程。

本书是中国大学MOOC在线开放课程"经管类跨专业综合仿真实验"的配套教材之一，在线课程视频、课件、讨论区、线下学习资源链接：https://www.icourse163.org/course/SWUFE-1003579005？utm_campaign=share&utm_medium=iphoneShare&utm_source=qq。教材及在线开放课程资源的不足之处，恳请广大读者批评指正，以不断改进。

编者

2019 年 10 月

目 录

第一讲
走进经管类跨专业综合仿真实验

学习目标

● 理解课程名称；
● 经管类跨专业综合仿真实验的内容构架；
● 经管类跨专业综合仿真实验的业务构架；
● 教师与学生的实验任务分工；
● 课程考评体系。

"经管类跨专业综合仿真实验"的学习旅途启程啦！这是一门深入体验仿真、综合、动态的创新、创业和就业实验课程，我们将在有趣的、团队互动的学习过程中，提升大家的知识应用能力、业务处理能力、交际沟通能力、组织协调能力、创新创业能力。

一、理解课程名称

"经管类跨专业综合仿真实验"是一门综合运用财经、管理各个专业的理论知识与应用实务的课程。不同专业的同学们，将一起创建十几个机构和企业；扮演总经理、生产总监、市场总监、销售总监、财务总监、行政总监、局长、所长、行长、业务主管等多种多样的职位角色；通过博弈、实景、角色扮演、协作、讨论、激励、验证等多种实验方法，在虚拟仿真的实验环境中，完成从组建团队、筹建公司和机构、岗位角色模拟，到企业经营、供应链竞合与服务业协同等多种多样的实验任务，同学们将在知识、能力和创业与就业素养方面得到全方位的综合提升，最终形成各阶段实验成果。

本课程是以手机制造企业的经营与管理为仿真主体，建立虚拟的商务环境、政务环境和公共服务环境，进行仿真经营和业务运作，既要求同学们体验环境，又要求同学们分析决策，完成各种岗位任务。我们是如何实现仿真的实验效果呢？课程中将采用现代虚拟现实技术，在视觉和听觉上真实地体验经济和社会环境特征，借鉴联机游戏的形式，通过多种方式和方法，与虚拟环境中的对象进行交互作用、互动影响，从而产生"沉浸"于社会环境的学习体验和工作感受。

1

二、经管类跨专业综合实验平台（以下简称综合实验）的内容构架

综合实验平台的内容构架，如图1.1所示：

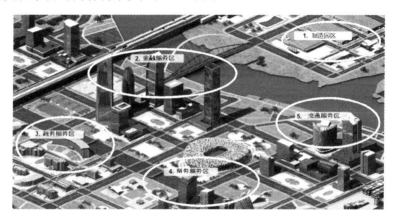

图 1.1　综合实验平台的内容构架

在综合实验仿真的经济环境中，分布有五大园区，分别是制造园区、金融服务区、政务服务区、商务服务区和流通服务区。

在制造园区，如图1.2所示，课程抽象出学习者最熟悉的一个行业——手机制造行业，供大家参与体验。手机制造园区的学习者，将围绕手机研发、采购、制造、市场开拓、手机销售等业务环节开展各项计划与实施的管理工作。

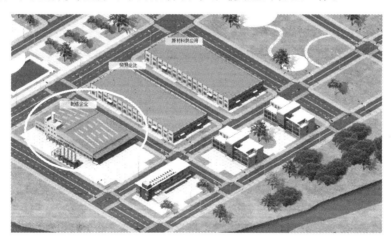

图 1.2　手机制造园区位置

在金融服务区，如图1.3所示，课程设立了中央银行、商业银行、会计师事务所、投资银行、保险公司等金融服务机构供学习者参与体验。在金融服务区，学习者将围绕企业开户、存款、转账、贴现、贷款、投资、理财、并购；审计、财务代理、财务咨询、税务筹划、业绩披露等业务环节开展各项金融与财务服务工作。

图 1.3 金融服务区

在政务服务区，如图 1.4 所示，我们设立了市场监督管理局（原工商局）、税务局等政府部门供学习者参与体验。政务服务区的学习者，将围绕国家市场监督管理、税务机关的相关职能，规范新时代中国特色社会主义市场经济的运营规则，并对企业的市场行为和发展壮大提供监督、管理和扶持等服务业务。

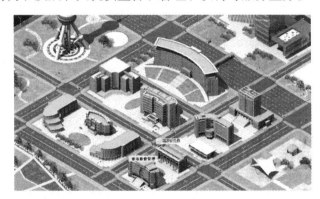

图 1.4 政府服务区

三、综合实验平台的业务构架

综合实验平台的业务构架，如图 1.5 所示：

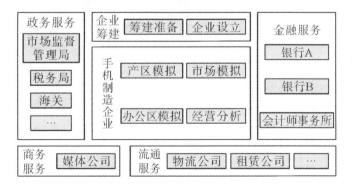

图 1.5 综合实验平台的业务构架

在综合实验平台模拟的经济环境中，手机制造企业是核心和主体，在手机制造园区工作的学习者人数也最多。手机制造企业的工作将从企业筹建开始。

企业筹建主要包括筹建准备和企业设立两大任务。

在筹建准备阶段，学习者需要完成企业初创期的团队建设、企业选址、企业经营理念、企业字号、企业形象设计等工作。

在企业设立阶段，学习者需要在市场监督管理局（原工商局）、税务局和银行依次完成一系列企业合法设立登记的任务。

首先在市场监督管理局（原工商局）完成：企业名称核准；投资人（合伙人）名录登记；内资公司设立登记申请书；法人、董事、经理、监事信息表；领取由工商局（现已更名为市场监督管理局）颁发的营业执照正本和副本。

其次在税务局完成：增值税一般纳税人资格登记；纳税人税务补充信息等税务登记工作。

最后在银行完成：开立企业临时账户、申请机构信用代码、开启企业基本账户，最终领取由中国人民银行颁发的机构信用代码证和开户许可证。

手机制造企业完成企业筹建工作后，就开始了产区模拟、市场模拟、办公区模拟、经营分析等工作，如图1.6所示。学习者将模拟经营三至五年的时间，手机制造企业需要做好商业计划书，对企业在战略管理、生产管理、销售管理、市场管理、人力资源管理、财务管理等各个环节做好发展计划和量化预测、跟踪、实施与优化改进。

图1.6 手机制造企业经营管理模拟环境

在跨专业综合模拟仿真实验的经济环境中，虽然手机制造企业是核心和主体，但是也有一部分学习者非常适合从事政务服务、金融服务、商务和流通服务的工作。

对于政务服务工作，综合实验平台以市场监督管理局（原工商局）、税务局、海关等机构为代表，为所有企业提供设立登记、年检、投诉与监督、劳动权益保障、税务登记、纳税申报与审核、税务筹划、对手机出口业务进行监管、征税、查私和编制海关统计等工作。

对于金融服务工作，综合实验平台以人民银行、商业银行、会计师事务所、投资银行、保险公司等机构为代表，为所有企业提供开户许可、信用评级、存贷款业务、中间业务、表外业务、审计业务、财务咨询与代理业务、税务筹划、业绩披露、投资业务、保险业务等综合金融与财务服务。

对于商务和流通服务工作，综合实验平台以媒体公司、物流公司、租赁公司等企业为代表，为所有手机制造企业提供制作企业形象宣传片、推送微信公众号新闻、代理设计 LOGO 与企业文化标识、市场竞争者情报调研、实验历程宣传片制作，以及仓库租赁管理、销售物流管理等服务。

四、教师与学生的实验分工

本门课程非常强调团队互动的学习与协调，强调每一位学习者的深度参与仿真、综合、动态的创新、创业和就业工作，可以说每一位学习者参与越深，收获就越多，因此在教学过程中，教师和学生的角色也和传统课程有很大不同，学生是课程的主角，在教师与助教的指导下，主宰企业和社会经济体的生存、繁荣与发展。我们可以用图 1.7 形象地表达：

图 1.7　教师、助教与学习者的任务角色

教师和助教仿佛站在山顶处，为大家制定目标计划、控制过程进度、解答过程疑问、引导和激励大家高效地向目标前进，于山顶汇合。学习者将更多地通过参与体验，发挥干中学，学中干的精神，充分应用头脑风暴的方法做出相对合理的各种决策，排除万难，灵活应对，圆满达成各项小目标，最终登上成功创业和就业的巅峰。

五、课程考评体系

全景深度参与的实验课程，需要有一套全面的课程考评体系，本门课程将应用平衡记分卡的绩效考核方法来考评学习者的学习过程和成果。

平衡计分卡从财务、客户、内部运营、学习与成长四个角度，将组织的战略落实为可操作的衡量指标和目标值的一种新型绩效管理体系。它实现了五项平衡：

（1）财务指标和非财务指标的平衡，企业考核的一般是财务指标，而对非财务指标（客户、内部流程、学习与成长）的考核很少，即使有对非财务指标的考核，也只是定性的说明，缺乏量化的考核，缺乏系统性和全面性。在课程学习中，我们会引入可量化的非财务指标，全面考评同学们的团队业绩。

（2）企业的长期目标和短期目标的平衡。课程学习中，我们会经历4~5年的经营时光，考核周期为季度考核，季度考核增强了短期目标的推进，经营末期的净利润、资产、现金流、奖励总次数等则兼顾了企业长期目标的实现。

（3）结果性指标与过程性指标之间的平衡。无论是季度考核还是期末考核，都比较偏重结果性指标，我们会在课程进行过程中，请同学们完成诸如企业形象设计、工作日志、工作计划、工作总结等过程作业，实现结果性指标与过程性指标的平衡。

（4）企业组织内部与外部的平衡。平衡计分卡中，股东、合作伙伴、服务机构工作人员、客户为外部群体，员工和内部业务流程是内部群体。课程进行中，我们每一项任务都有互评打分的机制，实现企业组织内部和外部的考核平衡。

（5）领先指标与滞后指标之间的平衡。财务指标是一个滞后指标，它只能反映公司上一考核期的表现，不能告诉企业如何改善业绩，如何实现可持续发展。客户指标、内部流程指标、学习与成长指标则属于领先指标，使企业达到了领先指标和滞后指标之间的平衡。课程考核的各种维度和指标如表1.1所示：

表1.1 课程考核的维度和指标

指标类型	指标侧重	指标名称
财务指标	财务效益指标	净利润、资产总额、大富豪排名（可用现金）、纳税先锋排名、纳税大户排名
	资产运营状况	总资产周转率、流动资产周转率、存货周转率
	偿债能力状况	资产负债率、流动比率、速动比率
	发展能力状况	销售收入增长率、总资产增长率、4~5年利润平均增长率、4~5年资本平均增长率、销售大亨排名
客户指标	价格状况	价格波动比率
	服务状况	广告效益比率、客户满意度、工资排行榜、互评打分
	品牌状况	投诉处理及时率、贷款回笼率、销售收入完成率、相对市场占有率
内部运营指标	质量状况	原料采购计划完成率、生产计划完成率
	成本状况	工资增长率、单位成品成本率、新品研发成本率
	效率状况	生产线有效作业率、研发人员利用率、工人有效利用率、管理人员有效利用率
学习与发展指标	学习指标	简历或海报设计效果；工作日志写作能力；商业计划书或工作说明书写作能力；工作总结写作能力；设立登记完成排名、LOGO设计排名、人员适配率、培训满意度、培训覆盖率
	发展指标	新品研发进度排名、产品品类销售贡献率、获奖总次数

第二讲
团队组建与人员分工

学习目标

● 各类机构的工作职责与岗位分工；

● 团队领袖自荐竞选评分标准；

● 招聘海报的制作技巧；

● 求职简历的制作技巧；

● 面试的注意事项。

为了有效地联机使用综合实验平台，学习者首先需要组建团队。根据自己对机构、岗位的认知，结合自身的从业优势与偏好，做好职业定位与团队组建工作。团队组建中，首先需要团队领袖通过竞选演讲的自荐。之后团队领袖制造招聘海报，未参加自荐竞选演讲的同学，则需要为自己设计一份规范的求职简历，通过现场组织模拟招聘会的形式，实现劳动力市场供求关系平衡，从而完成团队组建与人员分工的实验任务。

一、各类机构的工作职责与岗位分工

（一）手机制造企业

手机制造企业包含生产部、采购部、市场部、企业管理部、销售部、财务部六个业务部门，每个业务部门分别设立一至二名总监。部门间的业务既明显区分，又相互牵连，并与外围服务机构，如市场监督管理局、税务局、银行、会计师事务所等单位进行交互协同工作。

手机制造企业的实验平台，主要由经营数据模型和经营业务模拟两大部分组成。

1. 经营数据模型

如图 2.1 所示，经营数据模型建立有一套经营规则，在此经营规则下，控制数据流转，具体涉及厂区模拟、办公区模拟、市场模拟、财务状况及企业概况五大模块。在经营数据模拟中，同学们会应用仿真的市场繁荣系数、市场模型、供需模型、生产模型、人力资源模型等数据信息，做出市场预测、工作计划与经营决策，通过销售竞单和企业间的市场交易，促进企业生存、发展与壮大。

图 2.1　手机制造企业经营数据模型

2. 经营业务模拟

如图 2.2 所示，手机制造企业的经营业务模拟，主要模拟生产、采购、销售、企管、市场、财务六个部门。

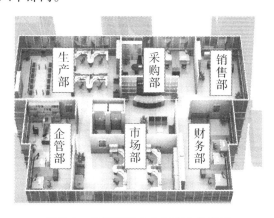

图 2.2　手机制造企业经营业务模拟

总经理（CEO）模拟的主要职责：制定发展战略、竞争格局分析、经营指标确定、业务策略制定、全面预算管理、管理团队协同、企业绩效分析、业绩考评管理、管理授权与总结。

财务总监模拟的主要职责：日常财务记账和登账、纳税申报与税务筹划、提供财务报表、日常现金管理、企业融资策略制定、成本费用控制、资金调度与风险管理、财务制度与风险管理、财务分析与协助决策。

销售总监模拟的主要职责：市场调查分析、市场进入策略、品种发展策略、广告宣传策略、制订销售计划、争取订单与谈判、签订合同与过程控制、按时发货与应收款管理、销售绩效分析等。

生产总监模拟的主要职责：产品研发管理、管理体系认证、固定资产投资、编制生产计划、平衡生产能力、生产车间管理、产品质量保证、成品库存管理、与营销部协同。

采购总监模拟的主要职责：编制采购计划、供应商谈判、签订采购合同、仓储管理、采购支付抉择、与财务部协调、与生产部协同。

（二）市场监督管理局（原工商局）

市场监督管理局模拟的业务范围是：在仿真实验环境中，市场监督管理局主要负责对仿真市场中的手机制造企业完成设立登记、年检管理（企业年检培训、出台年检先锋奖励办法）、市场情报分析（厂区与市场开拓选址信息、经济体季度总产量公示）、销售大亨季度数据统计、企业劳动合同与员工工资福利保障监督与统计分析、处理企业投诉或纠纷、治理市场垄断或乱价行为等。

市场监督管理局局长模拟的主要职责：制定市场监督管理制度；制定市场监督管理局员工绩效考核方案；制定市场监督管理局的工作计划；监督企业用人制度；制定企业工资方案；做好企业季度销售大亨的统计与奖励工作；做好市场监督管理局组织管理与工作总结。

市场监督管理局主管模拟的主要职责：为企业提供优质的注册登记服务；指导企业完成商标注册；受理解决企业间的申诉；监督企业规范完成工商年检；为企业提供季度市场开拓情报调研服务；做好市场总产量的季度统计与公示工作；做好市场监督管理局的日常工作总结。

（三）税务局

税务局模拟的业务范围是：在仿真实验环境中，税务局主要负责对企业进行税收管理，并对企业缴税纳税情况进行监督指导，主要包括行政审批、纳税申报、税务稽查、纳税辅导、纳税法规；根据班级实验环境，出台并落地税收优惠政策；扶持企业科技进步；统计分析季度生产大亨与科技领先数据；出台纳税先锋与纳税大户表彰办法等。

税务局局长模拟的主要职责：制定税务局管理制度；制定税务局工作人员的绩效考核方案；制订税务局的工作计划；为企业适时推出并宣传税收优惠政策；为企业做好季度生产大亨的统计、分析与奖励工作；为企业做好季度新品研发进度统计与公示；适时出台相关政策扶持企业科技进步；做好税务局的组织管理与工作总结。

税务局主管模拟的主要职责：为企业提供优质的纳税识别登记服务；做好季度增值税与年度所得税的纳税监督；为企业做好税务指导工作；完成按时准确地完成季度和年度的税款征收工作；对企业开展税务审查；为企业宣传、执行税收优惠政策；做好企业季度和年度的纳税先锋、纳税大户等奖项的评比；做好税务局日常工作总结。

（四）银行

根据《中华人民共和国商业银行法》的规定，中国商业银行可以经营下列业务：吸收公众存款，发放贷款；办理国内外结算、票据贴现、发行金融债券；代理发行、兑付、承销政府债券，买卖政府债券；从事同业拆借；买卖、代理买卖外汇；提供信用证服务及担保；代理收付款及代理保险业务等。在综合实验平台的金融服务区，我们也设立有人民银行、投资银行等金融机构。

中国人民银行的主要业务有公开市场业务、存款准备金、中央银行贷款、利率政策、常备借贷便利；监督稽核各银行机构行为；维护支付、清算系统正常运行；为组织开设结算账户，提供支付服务；制定和实施信贷政策；经理国库；企业和个人征信管理。

投资银行与传统商业银行尽管在名称上都冠有"银行"字样，但实质上投资银行与传统商业银行之间存在着明显差异：从业务内容上看，商业银行的业务重心是吸收存款和发放贷款，而投资银行既不吸收各种存款，也不向企业发放贷款，业务重心是证券承销、公司并购与资产重组。

银行行长模拟的主要职责：制定发展战略；金融政策分析；经营指标确定；业务策略制定；管理制度制定；企业客户绩效分析；银行岗位业绩考评管理；商业银行管理授权与总结。

银行贷款专员模拟的主要职责：信贷调查、企业信用管理、贷款业务、资本充足率管理、信贷资产证券化管理；商业银行日常工作总结。

银行柜台专员模拟的主要职责：商业银行常规业务办理；转账结算；企业投资业务；企业理财业务；企业保险业务；做好商业银行日常工作总结。

（五）会计师事务所

会计师事务所模拟的主要业务范围，在仿真实验环境中，会计师事务所主要负责审计业务、税务代理业务、工资发放代理业务、投资理财代理业务、税务筹划业务、资产评估、财务咨询等。

会计师事务所所长模拟的主要职责：制定会计师事务所的经营政策；与企业客户签署相关法律文书；主持研究事务所业务实施；制订员工培训计划；做好企业客户绩效分析；做好会计师事务所业绩考评管理；为企业做好季度净利润排名、总资产排名、获奖总次数等财务指标的统计工作、分析与奖励。

会计师事务所主管模拟的主要职责：与企业客户做好审计业务接洽；完成企业客户审计工作底稿；为企业客户做好财务咨询、代理记账、代理纳税、代发工资、代办投资、税收筹划等工作；做好会计师事务所的日常工作总结。

（六）媒体公司

媒体公司模拟的主要业务范围，在仿真实验环境中，媒体公司主要负责企业采访、定制企业形象宣传作品、市场信息收集、消息公布、企业文化、投融资活动组织、采集课程素材、编辑制作课程视频、技术支持、日常工作总结等。

媒体公司CEO模拟的主要职责：制定媒体公司的发展战略；指定媒体服务价格；确定媒体公司的经营指标；指定媒体公司的管理制度；做好企业绩效分析与宣传工作；做好媒体公司组织的业绩考评管理；做好媒体公司的管理授权与总结。

媒体公司编导模拟的主要职责：企业采访、信息收集、消息公布、企业文化及投融资活动组织、采集素材、编辑制作、技术支持、日常工作总结等。

二、团队领袖自荐竞选及其评分标准

学习者可以根据自己的职业兴趣和专业特长，选择组织与职位，组建团队。在组建团队的工作中，我们将依次经历三个环节，如图 2.3 所示，分别是团队领袖自荐；现场制作招聘海报与求职简历；人才招聘会。

图 2.3 组建团队流程

为使参加综合实验的学习者充分发挥主观能动性，体现学习者在实验过程中的领导能力、组织能力、协调能力、沟通能力、公关能力等，建立人才平等竞争，优胜劣汰的选拔机制，坚持公平、公正、公开的竞争择优原则，我们对团队领袖自荐竞选评分标准暂行以下规定：

（一）竞聘原则

（1）仪表得体、表情自然、形体动作大方得体。（20 分）

（2）竞选演讲主旨鲜明，层次清晰。（20 分）

（3）具有较强的现场感染力，能引起学生共鸣。（20 分）

（4）口齿清晰，表达流畅、生动、富有情感。（20 分）

（5）竞选演讲时间为 1 分钟，超出规定酌情减分。（20 分）

（二）竞选范围及岗位

（1）竞选范围：参加综合实验的全体学生。

（2）竞选岗位：所有机构的领袖。

制造企业　　　　　　　10 名左右

市场监督管理局　　　　1 名

银行　　　　　　　　　1 名

税务局　　　　　　　　1 名

会计师事务所　　　　　1 名

媒体公司　　　　　　　1 名

3. 竞选方法：教师现场评分（总分依次排列）、学生投票选举

（三）团队领袖自荐评分表

团队领袖自荐评分表如表 2.1 所示。

表 2.1　　　　　　　　　　团队领袖自荐评分表

姓名	竞选职位	主题内容（20分）	语言表达（20分）	仪表风范（20分）	现场感染力（20分）	时间掌握（20分）	总分

三、招聘海报的制作技巧

经过精彩的团队领袖自荐演讲，综合实验平台中10家手机制造企业CEO、市场监督管理局局长、税务局局长、银行行长、会计师事务所所长、媒体公司CEO等团队领袖已经诞生。为了有效开展人才招聘会，我们需要准备招聘海报和求职简历。团队领袖们如何在有限的时间内，设计出一份市场关注度高，简历投递率高，招聘成功率高的招聘海报呢？

技巧一：引起求职者注意。

引起求职者注意，具体包括醒目的字体、与众不同的色彩和显眼的位置。实验中建议学习者在一页A4纸上单面完成招聘海报设计。最醒目的内容应是组织最具吸引力之处：组织名称、优势、招聘的职位、待遇条件、工作地点等。

各家组织所设立的职位和人数，建议手机制造企业：生产采购总监1名，市场销售总监1名，财务总监1~2名，行政总监1名；市场监督管理局：主管1名；税务局：主管1名；银行：主管1名；会计师事务所：主管1名；媒体公司：编导1名。

技巧二：激发读者的兴趣。

平铺直叙的、枯燥的广告词可能很难引起人们的兴趣，而撰写生动的，具有煽动性，能引起读者共鸣的广告词加上巧妙、新颖的呈现方式则很容易令人感兴趣，例如，你将投身于一项富有挑战性的工作。

技巧三：引发求职的愿望。

通常求职的愿望与他们的需求紧密联系在一起，因此，一般情况下，可以通过吸引应聘者的一些因素，如成绩、培训与发展更好的机会、有挑战性的项目、优越的薪酬福利等，激发求职者对工作的愿望。

技巧四：促使求职的行动。

可以在招聘海报中要求应聘者提供联系方式，包括联系电话、通信地址、E-mail地址等，同时用一些有煽动性的话，例如"今天就打电话吧""请尽快递交简历"等促使应聘者及时采取行动，激发应聘者参与和互动的感觉。

四、求职简历的制作技巧

对于求职者来说，一份良好的个人简历对于获得面试机会和工作机会至关重要。简历是求职者给招聘单位发的一份简要介绍，也是给企业的第一张"名片"。高质量的简历需要满足五个基本规则：篇幅一页；排版整洁；重点突出；文字精练；无格式错误。

图2.4列示了普通简历与专业简历之间的差异，学习者可以关注专业简历的特征，为自己设计一份规范、专业的求职简历。

大学生普通简历与专业简历对比

序号	对比项目	普通简历	专业简历
1	页数	不限	1页
2	标题	"个人简历"	"姓名"
3	教育背景	小学、中学、大学	大学：针对应聘岗位的专业课程；奖学金
4	工作经验	较少，描述不具体	分点罗列、重点突出、可含社会工作
5	特长与技能	罗列较多，有虚报	岗位针对性强
6	相片	生活照	正装照
7	求职目标	目标广泛	目标明确

序号	对比项目	普通简历	专业简历
8	工资	少部分有	无
9	错别字	常见而不自知	没有
10	可信度	有造假	有优化，扬长避短
11	纸张	五花八门	A4；80~100克白色打印纸
12	字体、字号	不规范	规范
13	排版	不讲究	一丝不苟（间距、留白）
14	打印	喷墨打印	激光打印，可以彩色打印，3色以内
15	文字风格	平铺直叙	言简意赅

图 2.4　普通简历与专业简历之间的差异

　　简历内容通常包含：个人基本信息、教育背景、校园活动、科研经历、实践经历、奖励荣誉、职业技能等项目，重点在于基本信息、教育培训和实践经历。在陈述具体经历时，简要列示时间、地点、事件、成果等有价值的信息。

　　简历的格式设计通常包括：

　　中文简历正文一般用宋体，小标题一般用黑体；

　　英文简历正文字体选用"Times New Roman"；

　　简历正文使用五号字，如果写不满一页，也可以用小四号；

　　简历标题字体可以加大加粗；

　　简历中可以出现粗体格式，但要注意控制其量；

　　尽量不要在简历里使用斜体或者星号、省略号、下划线等符号；

　　间距：上下 2~3 厘米；左右 1.2~2.5 厘米；1.5 倍行距。

　　图 2.5 为乔小堂同学制作的简历，供参考，希望学习者为自己做出更专业的简历，第一时间找到自己最心仪的工作。

乔小堂

(+86) 138-0013-8000
service@qiaobutang.com
应聘方向：人力资源助理

教育背景

2014.09-2018.06	上海XX学院	人力资源管理专业	本科
	院校级三等奖学金		
2017.09-2018.06	人力资源社会保障系统	陕西国资委	培训
	人力资源管理师三级/公共关系资格证书		

人力资源相关经历

2017.06-2018.09　建设银行杨浦支行人力资源部　　　　　人力资源助理
* 有效地维护并拓展招聘渠道，以寻找到最佳的招聘资源
* 掌握技术人员的招聘重点及用人需求
* 组织和执行招聘计划，发布招聘广告，收集简历、进行简历初步筛选，候选人电话初步沟通，整理有效简历信息
* 负责整个招聘进程、跟踪面试结果
* 人员招聘、留存的情况跟踪及分析，以便对招聘活动进行有效的评估

其他经历

2017.04-2017.05　以物换物&义卖活动　　　　　组织参与者
* 策划组织以物换物、爱心义卖等活动
* 发动近千名同学名同学捐款捐物
* 共募集善款1700余元

2016.07-2016.09　吉信通讯公司（销售手机，介绍新增值业务）　销售实习生

技能证书

* 熟练使用office办公软件
* 通过全国计算机等级考试二级（MS Office高级应用）
* 大学英语六级（528）
* 普通话水平测试二级甲等

兴趣爱好

* 独自学习并熟练使用粤语进行基本会话
* 羽毛球，参加英语沙龙

图 2.5　简历示例

五、面试的注意事项

现场制作好招聘海报和求职简历之后，学习者即将迎来生动有趣的模拟招聘会，如图 2.6 所示：

经/管/类/跨/专/业/综/合/仿/真/实/验

新教室首场模拟招聘会，留下大家快乐入戏的印记

图 2.6　模拟招聘会

在模拟招聘会上，学习者可以在面试中注意如下事项：

（1）注意形象：良好的外在形象可以为自己的面试成绩加分，面带微笑会更受欢迎。

（2）自信、稳重、大方。面试问题难免有压力测试，控制好情绪，随机应变，先肯定对方的理由，再阐述自己的观点。

（3）自我介绍环节，应如实介绍自己。自我介绍时，应聘者只需要将自己的情况和能力如实描述，与简历描述一致即可，重点强调自己如何胜任这份工作，言语清晰，辅以适当的肢体语言。

（4）回答问题的技巧和注意事项

面试时，考官可能会提出一些专业问题。应聘者可以将考官的问题先考虑一下，再条理分明地作答。回答问题考验的不仅仅是应聘者的专业知识，还有语言组织能力、逻辑能力等。如遇知识盲点，可以对考官礼貌地说"对不起，这个问题我暂时还没有遇到过，我会及时的关注这方面的知识"。

（5）注意礼貌：在考官对自己提出一些建议的时候，要说谢谢指导。面试结束时，应与面试官微笑点头致谢。

第三讲
个人信息注册与岗位管理

学习目标

● 在综合实验平台上正确注册个人信息；
● 手机制造企业岗位权限管理；
● 手机制造企业人员岗位管理；
● 外围服务机构岗位权限管理与人员岗位管理。

经历了熙熙攘攘的仿真人才招聘会后，各位学习者现已通过人才市场的双选机制找到了最适合自己的组织和岗位。明确自己归属的组织和岗位之后，即可在综合实验平台，开始注册个人信息。

一、在综合实验平台上，正确注册个人信息

如图 3.1 所示，在综合实验平台的初始界面，单击右边"用户"图标，打开用户注册登录对话框，如图 3.2 所示，单击注册按键，出现注册信息：

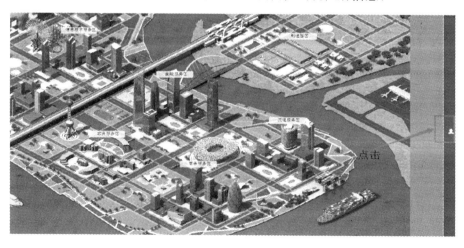

图 3.1 综合实验平台的初始界面

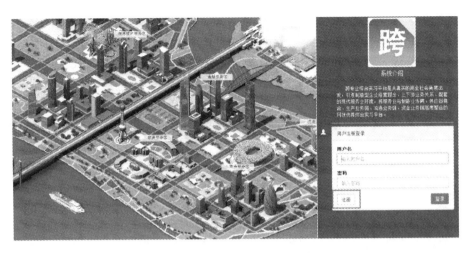

图 3.2 用户注册登录对话框

在注册用户信息时，如图 3.3 所示，需要注意：

（1）用户名邮箱：必须是邮箱格式，一位用户对应一个独有的用户名邮箱。用户名邮箱是此后每次登录综合实验平台的用户名。

（2）密码和再次确认密码：该密码是此后每次登录综合实验平台需要输入的密码。

（3）姓名：请输入自己的实名。

（4）小组注册码：非常重要，决定了用户的组织归属和职权分配。请查看本班级环境的注册码清单，行项目查找自己所在组织名称，列项目查找 CEO 注册码（各组织的领导使用）或员工注册码（各机构的员工使用），行项目与列项目的交集，就是用户应该使用的注册码。小组注册码非常重要，决定了用户的组织归属和职权分配。

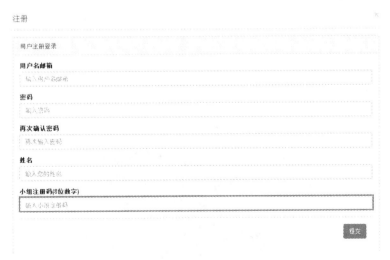

图 3.3 注册用户信息

正确填写完用户名邮箱、密码、姓名，输入用户独有的注册码，点击提交之后，会自动登录综合实验平台。已注册的用户，如图3.4，直接输入用户、密码，点击登录即可进入综合实验平台开始工作。

图 3.4 已注册用户的登录界面

二、手机制造企业岗位权限管理

组织结构是组织的全体成员为实现组织目标，在管理工作中进行分工协作，在职务范围、责任、权利方面所形成的结构体系。组织结构是组织在职、责、权方面的动态结构体系，其本质是为实现组织战略目标而采取的一种分工协作体系，组织结构必须随着组织的重大战略调整而调整。

组织结构设置包含对部门和岗位的设置、人员与岗位的匹配关系，以及岗位权限界定。岗位权限是指为了保证职责的有效履行，任职者必须具备的，对某事项进行决策的范围和程度。在综合实验仿真平台环境中，手机制造企业需要全员参与讨论部门、岗位及权限的设置和分配方案，最终由手机制造企业 CEO 在平台中操作实施。

手机制造企业的 CEO 登录综合实验平台后，进入制造园区，单击"我的办公室"，如图3.5所示。

图 3.5 CEO 在"我的办公室"中设置企业岗位管理

制造企业 CEO 进入"我的办公室"后，如图 3.6 所示，选择"组织机构管理"—"部门管理"—"企业岗位管理"。

图 3.6　制造企业 CEO 设置企业岗位管理

手机制造企业的 CEO 进入"企业岗位管理"后，单击"添加"按键，添加第一个岗位名称。假设第一个岗位名称是 CEO，之后选择该岗位应具备的业务操作权限，一般 CEO 岗位可以选中所有业务的全部权限，如图 3.7 所示。岗位名称和权限选择好之后，单击"提交"按键，企业的第一个岗位创建完毕。

图 3.7　设置 CEO 岗位名称及其权限示意图

再次单击"添加"按键，创建企业的第二个岗位。比如企业的第二个岗位名称是生产总监，并选择生产总监应有的操作权限，之后单击"提交"按键，如图 3.8 所示，企业第二个岗位——生产总监创建完毕。

图 3.8　设置生产总监岗位名称及其权限示意图

以此类推，继续创建企业的第三个岗位，直到所有的岗位都添加成功，如图 3.9 所示：

图 3.9　手机制造企业岗位设置结果

三、手机制造企业人员岗位管理

手机制造企业的 CEO 完成企业岗位权限管理之后，需要将组织成员与岗位相匹配。如图 3.10 所示，制造企业 CEO 在"我的办公室"，选择"组织机构管理"—"部门管理"—"人员岗位管理"。

图 3.10 手机制造企业 CEO 设置人员岗位管理

手机制造企业 CEO 进入人员岗位管理界面后，如图 3.11 所示，会看到企业成员的注册信息，如姓名、用户名邮箱等信息，但是目前企业成员没有被分配岗位，因此需要针对每一位成员，单击"修改"按键，完成人职匹配。

图 3.11 企业人员岗位管理初始状态

假设现在为图 3.11 的张三设置 CEO 岗位，单击张三所在行对应的"修改"按键，在修改对话框的最后一行"岗位"一栏，单击下拉选项，选择"CEO"，单击"提交"—"刷新"按键，就为张三完成了岗位设置，如图 3.12 所示。

图 3.12 为张三完成 CEO 岗位设置

手机制造企业的 CEO 需要为每一位成员通过"修改"按键完成人员岗位管理工作。全部设置完成的结果，如图 3.13 所示。

21

姓名	email	岗位	操作
张三	CEO@qq.com	CEO	监控 删除 查看 修改
李四	PM@qq.com	生产总监	监控 删除 查看 修改
王五	CSO@qq.com	销售总监	监控 删除 查看 修改
马六	CFO@qq.com	财务总监	监控 删除 查看 修改
赵七	HRD@qq.com	行政总监	监控 删除 查看 修改

图 3.13　人员岗位管理设置结果

四、外围服务机构岗位权限管理与人员岗位管理

外围服务机构包括市场监督管理局、税务局、银行、会计师事务所等机构。每家机构需要设置岗位管理和人员管理。

（一）市场监督管理局的岗位管理与人员管理

1. 岗位管理

市场监督管理局的局长登录综合实验平台后，进入工商局①界面，单击"组织机构"，如图 3.14 所示。

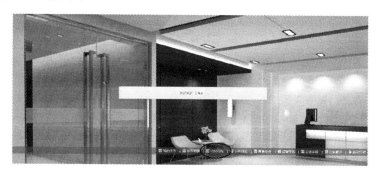

图 3.14　市场监督管理局局长单击"组织机构"

进入组织机构后，首先单击左边菜单"岗位管理"选项，如图 3.15 所示。

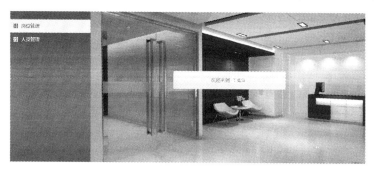

图 3.15　市场监督管理局局长单击"岗位管理"

---

① 2018 年 3 月国务院机构改革方案提出组建国家市场监督管理总局，不再保留国家工商行政管理总局、国家质量监督检疫总局、国家食品药品监督管理总局。本书由于软件尚未更新、暂进入工商局界面进行市场监督管理局的相关操作。

单击"添加"按键，在岗位名称中输入"市场监督管理局局长"，单击"提交"按键，如图 3.16 所示。

图 3.16　添加岗位名称示意图

再次单击"添加"按键，在岗位名称中输入"市场监督管理局主管"，单击"提交"按键。市场监督管理局的岗位管理设置结果如图 3.17 所示。

图 3.17　市场监督管理局岗位管理设置结果

2. 人员管理

市场监督管理局局长在"组织机构"栏目中，单击左边菜单"人员管理"选项，如图 3.18 所示。

图 3.18　市场监督管理局局长单击"人员管理"

在人员管理的初始界面，可以看到市场监督管理局的成员信息，如姓名、用户名邮箱等注册信息，但是成员目前没有被分配岗位，因此需要针对每一位成员，单击"修改"按键，完成人职匹配，如图 3.19 所示。

图 3.19　人员管理初始状态

假设现在为图 3.19 的王局设置市场监督管理局局长岗位，单击王局所在行对应的"修改"按键，在修改对话框的最后一行"岗位"一栏，单击下拉选项，选择"市场监督管理局局长"，单击"提交"—"刷新"，就为王局完成了岗位设置，如图 3.20 所示。

图 3.20　为王局完成市场监督管理局局长岗位设置

市场监督管理局局长需要为每一位成员，通过单击"修改"按键完成人员管理工作。全部设置完成的结果，如图 3.21 所示。

图 3.21　人员管理设置结果

（二）税务局的岗位管理与人员管理

1. 岗位管理

税务局的局长登录综合实验平台后，进入税务局界面，单击"组织机构"，如图 3.22 所示。

图 3.22 税务局局长单击"组织机构"

进入组织机构后，首先单击左边菜单"岗位管理"选项，如图 3.23 所示。

图 3.23 税务局局长单击"岗位管理"

单击"添加"按键，在岗位名称中输入"税务局局长"，单击"提交"按键，如图 3.24 所示。

添加

岗位管理

岗位名称

税务局局长   ✕

提交

图 3.24 添加岗位名称示意图

25

再次单击"添加"按键，在岗位名称中输入"税务局主管"，单击"提交"按键。税务局的岗位管理设置结果如图3.25所示。

图3.25 税务局岗位管理设置结果

2. 人员管理

税务局局长在"组织机构"栏目中，单击左边菜单"人员管理"选项，如图3.26所示。

图3.26 税务局局长单击"人员管理"

在人员管理的初始界面，可以看到税务局的成员信息，如姓名、用户名邮箱等注册信息，但是成员目前没有被分配岗位，因此需要针对每一位成员，单击"修改"按键，完成人职匹配，如图3.27所示。

图3.27 人员管理初始状态

假设现在为图3.27的郭局设置税务局局长岗位，单击郭局所在行对应的"修改"按键，在修改对话框最后一行"岗位"一栏，单击下拉选项，选择"税务局局长"，单击"提交"—"刷新"，就为郭局完成了岗位设置，如图 3.28 所示。

人员管理

名称

郭局

email

GSJ@qq.com

岗位

税务局局长

提交

图 3.28　为郭局完成税务局局长岗位设置

税务局局长需要为每一位成员，通过单击"修改"按键完成人员管理工作。全部设置完成的结果，如图 3.29 所示。

姓名	email	岗位	操作
郭局	GSJ@qq.com	税务局局长	监控　删除　查看　修改
李四四	LSS@qq.com	税务局主管	监控　删除　查看　修改

图 3.29　人员管理设置结果

（三）银行的岗位管理与人员管理

1. 岗位管理

银行的行长登录综合实验平台后，进入银行界面，单击"组织机构"，如图 3.30 所示。

图 3.30　银行行长单击"组织机构"

27

进入组织机构后，首先单击左边菜单"岗位管理"选项，如图3.31所示。

图3.31 银行行长单击"岗位管理"

单击"添加"按键，在岗位名称中输入"银行行长"，单击"提交"按键，如图3.32所示。

图3.32 添加岗位名称示意图

再次单击"添加"按键，在岗位名称中输入"银行主管"，单击"提交"按键。银行的岗位管理设置结果如图3.33所示。

图3.33 银行岗位管理设置结果

2. 人员管理

银行行长在"组织机构"栏目中，单击左边菜单"人员管理"选项，如图3.34所示。

图3.34 银行行长单击"人员管理"

在人员管理的初始界面，可以看到银行的成员信息，如姓名、用户名邮箱等注册信息，但是成员目前没有被分配岗位，因此需要针对每一位成员，单击"修改"按键，完成人职匹配，如图3.35所示。

图3.35 人员管理初始状态

假设现在为图3.35的杨长设置银行行长岗位，单击杨长所在行对应的"修改"按键，在修改对话框最后一行"岗位"一栏，单击下拉选项，选择"银行行长"，单击"提交"—"刷新"，就为杨长完成了岗位设置，如图3.36所示。

图3.36 为杨长完成银行行长岗位设置

银行行长需要为每一位成员，通过单击"修改"按键完成人员管理工作。全部设置完成的结果，如图3.37所示。

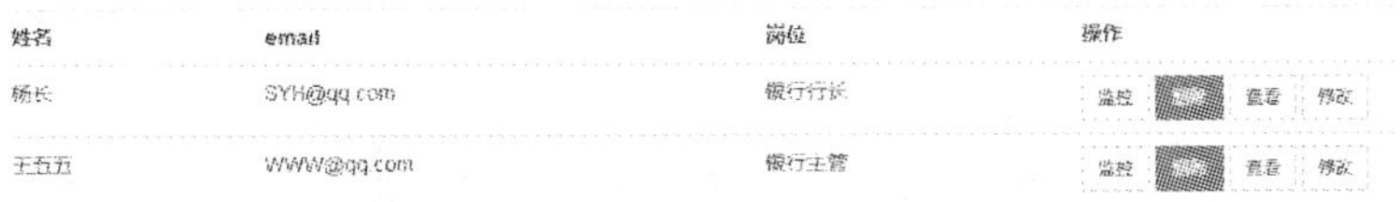

图3.37 员工管理设置结果

（四）会计师事务所的岗位管理与人员管理

1. 岗位管理

会计师事务所的所长登录综合实验平台后，进入会计师事务所界面，单击"组织机构"按键，如图3.38所示。

29

图 3.38 会计师事务所所长单击"组织机构"

进入组织机构后，首先单击左边菜单"岗位管理"选项，如图 3.39 所示。

图 3.39 会计师事务所所长单击"岗位管理"

单击"添加"按键，在岗位名称中输入"会计师事务所所长"，单击"提交"按键，如图 3.40 所示。

岗位管理

岗位名称

会计师事务所所长 ✕

提交

图 3.40 添加岗位名称示意图

再次单击"添加"按键，在岗位名称中输入"会计师事务所主管"，单击"提交"按键。会计师事务所的岗位管理设置结果如图 3.41 所示。

岗位名称	操作
会计师事务所所长	查看 修改 删除
会计师事务所主管	查看 修改 删除

图 3.41 会计师事务所岗位管理设置结果

2. 人员管理

会计师事务所所长在"组织机构"栏目中，单击左边菜单"人员管理"选项，如图 3.42 所示。

图 3.42 会计师事务所所长单击"人员管理"

在人员管理的初始界面，可以看到会计师事务所的成员信息，如姓名、用户名邮箱等注册信息，但是成员目前没有被分配岗位，因此需要针对每一位成员，单击"修改"按键，完成人职匹配，如图 3.43 所示。

姓名	email	岗位	操作
吴所	KJS@qq.com		监控 删除 查看 修改
马六六	MLL@qq.com		监控 删除 查看 修改

图 3.43 人员管理初始状态

假设现在为图 3.43 的吴所设置会计师事务所所长岗位，单击吴所对应的"修改"按键，在修改对话框最后一行"岗位"一栏，单击下拉选项，选择"会计师事务所"，单击"提交"—"刷新"按键，就为吴所完成了人员管理，如图 3.44 所示。

人员管理

名称

吴所

email

KJS@qq.com

岗位

会计师事务所所长

提交

图 3.44　为吴所完成会计师事务所所长岗位设置

会计师事务所所长需要为每一位成员，通过单击"修改"按键完成人员管理工作。全部设置完成的结果，如图 3.45 所示。

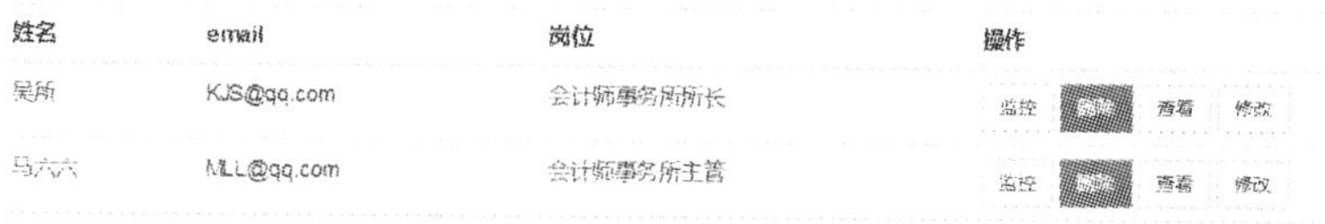

姓名	email	岗位	操作			
吴所	KJS@qq.com	会计师事务所所长	监控	删除	查看	修改
马六六	MLL@qq.com	会计师事务所主管	监控	删除	查看	修改

图 3.45　员工管理设置结果

第四讲
工资管理

学习目标

● 关于界定工资水平标准的背景知识；

● 工资中关于五险一金的相关规定；

● 工资中关于个人所得税的规定；

● 如何制定富有激励性和增长性的工资表。

工资管理是企业管理的重要组成部分，它影响组织的发展，涉及每一位员工的切身利益。不同的工资决策，会给组织带来不同的结果。符合市场规律，符合企业实际，具有激励机制的工资方案，可以极大地调动广大员工的工作积极性，有效地降低工资成本，更好地提高生产效率。

在综合实验平台中，手机制造企业在"我的办公室"—"组织机构管理"—"部门管理"—"工资管理"中，需要为企业所有成员制作工资表，如图4.1所示。

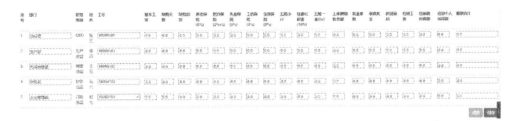

图4.1　制造企业工资表

完成工资表的制作，不仅需要掌握工资水平标准、五险一金、个人所得税等方面的相关规定，还需要掌握让工资富有激励性和增长性的相关管理技能。

一、界定工资水平标准

最低工资标准是国家为保护劳动者的基本生活，在劳动者提供正常劳动的情况下，而强制规定用人单位必须向劳动者支付的最低工资报酬。《劳动法》第四十八条规定，国家实行最低工资保障制度。用人单位支付劳动者的工资不得低于当地最低工资标准。最低工资标准每年会随着生活费用水平、职工平均工资水平、经济发展水平的变化而由当地政府进行调整。

33

最低工资不包含：

● 延长法定工作时间的工资。

● 中班、夜班、高温、低温、井下、有毒有害等特殊工作环境、条件下的津贴。

● 伙食补贴（饭贴）、上下班交通费补贴、住房补贴。

● 用人单位依法缴纳的社会保险费，以及通过住房支付或提供给劳动者的非货币收入，不得抵扣最低工资标准。劳动者个人应当缴纳的社会保险费和住房公积金包含在最低工资标准之内。

最低工资标准每一至三年调整一次。综合实验软件平台中涉及北京、大连、武汉、深圳、沈阳、成都等城市的最低工资标准（具体城市取决于制造企业选择的厂区所在地）。2018 年新调整的月最低工资标准（一档）如下：北京 2 120 元；大连 1 620 元；武汉 1 750 元；深圳 2 200 元；沈阳 1 620 元；成都 1 500 元拟调到 1 750元。

如果员工发现自己的工资低于当地最低工资标准，可向"12333"人力资源和社会保障热线或当地劳动保障监察机构投诉，也可向当地劳动争议仲裁机构申请仲裁，维护自己的合法权益。在本课程学习中，同学们可以向市场监督管理局举报和投诉，维护自己的合法权益。

用人单位如果违反《劳动法》对最低工资标准的规定，会由劳动保障行政部门责令其限期补发所欠劳动者工资，并可责令其按所欠工资的 1~5 倍支付劳动者赔偿金。

在制作工资表时，最低工资标准是员工工资的最低门槛，为了在人才市场中赢得竞争优势，留住优秀员工，企业还需要参考行业平均工资水平。以北京市为例，英才网联薪酬调查结果显示：制造企业 2018 年销售总监平均月薪为 18 802 元；财务总监平均月薪为 7 084 元；行政总监平均月薪为 7 171 元。各机构领导可以根据本组织所处的行业，以及组织内部设立的职位，结合厂区所在地经济发展情况，参考最新的平均工资调查结果，制定员工的工资水平。

二、工资表中关于五险一金的相关规定

五险一金是指用人单位给予劳动者的保障性待遇合称，包括养老保险、医疗保险、失业保险、工伤保险和生育保险，以及住房公积金。

（1）养老保险：单位缴纳 19%，个人缴纳 8%。领取养老保险待遇，需要具备两个条件：必须到达法定退休年龄；缴费年限必须满 15 年及以上。

（2）医疗保险：单位缴纳 6%，个人缴纳 2%+3。劳动者从参保缴费之日起，满 6 个月后才能享受职工基本医疗保险待遇。

（3）失业保险：单位缴纳 0.5%，个人缴纳 0.5%。失业保险必须在缴满一年后才能享受，一般为交一年领 2 个月，交两年领 4 个月，但享受的最高时限不能超过 24 个月。

（4）工伤保险：由用人单位缴纳，个人不缴纳。工伤保险费率分为 0.6%～3.6%，共 8 个档次，社保经办机构按照单位所属行业特点核定费率。

（5）生育保险：由用人单位缴纳，个人不缴纳。生育保险费率为 0.3%，如果男职工参加了生育保险，妻子没有参保，在生育时也能享受一定的生育津贴。

由于我国"五险一金"在各地有适当的调整空间，在综合实验平台的工资管理工作中，制造企业可以根据本企业厂区选址的城市，查阅相关城市五险一金的缴存基数和缴存比例。在综合实验的平台中，提供的工资表呈现的是个人缴纳的推荐比例，企业可以直接借用，也可以根据实际情况进行修订，如表 4.1 所示。

表 4.1　　　　　　　　　　　　　　工资表

职位	姓名	基本工资	缺勤扣款	养老保险（8%）	医疗保险（2%+3）	失业保险（0.5%）	工伤保险（0%）	生育保险（0%）	住房公积金（10%）	季度奖金	应税总额	应扣个人所得税	薪酬合计
CEO	张三												
生产总监	李四												
销售总监	王五												
财务总监	赵六												
行政总监	魏七												

三、工资表中关于个人所得税的相关规定

个人所得税是国家对本国公民、居住在本国境内的个人的所得和境外个人来源于本国所得征收的一种所得税。个人所得税的计算方法：

$$个人所得税=[\underbrace{（工资-三险一金-起征点）}_{应纳税额} \times 税率]-速算扣除数$$

●工资：初始收入（合同上所写的收入）。

●三险一金：养老保险、医疗保险、失业保险、住房公积金（属于五险一金的工伤保险和生育保险暂不算在这里）。

●起征点：2018 年 9 月 7 日，财政部、国家税务总局发布《关于 2018 年第四季度个人所得税减除费用和税率适用问题的通知》，明确纳税人在 2018 年 10 月 1 日后实际取得的工资、薪金所得，减除费用统一按照 5 000 元/月执行纳税起征点。

●税率：由 3% 到 45%，有 7 个等级，分别与 7 个不同区间的应纳税额对应。

●速算扣除数：由 0 到 15 160，也有 7 个等级，与不同税率相对应。

●个人所得税税率表（工资薪金所得适用），如表 4.2 所示：

表 4.2　　　　　　　　　　　　　个人所得税税率表

级数	全月应纳税所得额	税率	速算扣除数
1	不超过 3 000 元的	3%	0
2	超过 3 000 元至 12 000 元的部分	10%	210
3	超过 12 000 元至 25 000 元的部分	20%	1 410
4	超过 25 000 元至 35 000 元的部分	25%	2 660

表4.2(续)

级数	全月应纳税所得额	税率	速算扣除数
5	超过 35 000 元至 55 000 元的部分	30%	4 410
6	超过 55 000 元至 80 000 元的部分	35%	7 160
7	超过 80 000 元的部分	45%	15 160

具体算法举例如下：假设某个纳税人的月工薪收入（扣除三险一金后）是 15 000 元，需要交个人所得税 790 元。具体计算公式是月收入 15 000 元扣除纳税起征点 5 000 元，为 10 000 元，乘以适用税率 10%，并减去速算扣除数 210 元，最后得出 790 元。

四、制定富有激励性和增长性的工资

制定富有激励性和增长性的工资，有助于有效提高员工工作的积极性，促进员工提升工作效率，最终促进企业的蓬勃发展。在企业盈利的同时，员工的能力也能得到很好的提升，实现了自我价值。制定富有激励性和增长性的工资，需要合理设计员工的工资结构。设计工资结构主要有两个目的：一是确保企业合理控制成本；二是帮助企业有效激励员工，体现工资对内公平、对外公平、对员工个人公平。

（一）常见的工资模式

常见的工资模式有固定工资、底薪+提成、年薪制等。

1. 固定工资

这是目前很多企业都在采用的一种工资模式，简单、省事，一定程度上可以保证员工的安全感，但其缺点也比较明显。在固定工资模式下，员工的安全感是相对的，长期而言，会限制了员工的创造力，员工满意度会下降，特别容易流失优秀员工。对企业而言，固定工资是固定成本，没有将企业和员工的利益结合成共同体，也无法发挥工资管理给员工的激励价值。

2. 底薪+提成

这也是比较常见的工资模式。看似非常合理，高业绩者得高收入，计算也相对简单，但有时也会出现不合理的现象。比如有些员工为了取得高业绩，会要求企业花费更多成本做推广，招募更多的工作人员。这样，企业业绩虽然可能提升，但企业为了达成这个业绩目标，也付出了更多的成本，利润可能反而会下降。

3. 年薪制

年薪制是很多企业给高端人才和管理层使用的工资模式。丰厚的年薪，也是很多高端人才追逐的目标。年薪制其实也是固定工资的一种，但它的激励周期较长，很难让员工每一天，每一周都最大限度释放自己的能量。

鉴于以上三种工资模式各有利弊，企业在设计工资表时，需要扬长避短，兼顾工资水平与结构的规范性、公平性、激励性和增长性。

（二）优先考虑工资的激励性和增长性

现实中，大部分企业只实现了"规范性和公平性"，即要求同岗同酬、规范标

准，比如"基本工资+考勤工资+绩效工资+津贴补助+奖金+提成"的工资结构，看似很规范、很公平，但同岗同酬本身也有不公平的一面。企业聘用员工，追求的不仅仅是在岗出勤，更看重员工为企业创造的价值，具体表现为工作结果、成果和效果。所以，企业在制定工资表时，需要优先考虑激励性和增长性，让员工获得的工资背后体现具体的工作价值。工资有增长性才能真正实现激励性，员工才有动力去做出更多的成果和效果，企业应该让做出成果、效果的员工可以收获更高的工资。

以规范、公平为前提，制定具有激励性和增长性的工资计划，需要管理者为每个职位找出最核心的，可以量化的6~8个绩效价值指标；在每个指标上，找到对应的基准绩效值。超出或不足基准值的绩效，再设计更加细化的分配规则，一般而言以奖为主，以惩为辅。

综合实验平台以"季度"作为时间单位，行政总监和财务总监们在制作工资表时，需要将月工资额乘以3进行审批发放。市场监督管理局将介入企业工资管理的监督和评优工作中，每季度会在所有制造企业中评选出工资水平最高、工资增长率最快、工资结构最合理、工资激励性最强的优秀企业。希望各家制造企业的工资专员，尽早设计出富有本企业特色的工资表计划，争取获得工资管理类的更多奖项。

第五讲
组织形象策划与 CIS 管理

学习目标

● 组织形象的含义；
● 组织形象识别系统 CIS 的基本构架；
● CIS 的设计、开发与管理。

组织形象是社会公众和组织内部员工对组织整体的印象和评价，是社会公众对一个组织的完整信念。对企业而言，其形象不仅仅限于产品的质量和价格，还体现在企业整体所表现出来的正直、友善、活力、想象力、进取、能力等精神面貌。组织形象的优劣，直接影响组织目标的实现，对于企业来说，组织形象就是企业形象。

一、组织形象的含义

形象是人们通过视觉、听觉、触觉、味觉等各种感觉器官在大脑中形成的关于某种事物的整体印象，简言之是知觉，即各种感觉的再现。形象不是事物本身，而是人们对事物的感知。

组织形象是组织内外对组织的整体感觉、印象和认知，是组织状况的综合反映。组织形象是组织与社会公众（包括股东、员工）通过传播媒介形成的，它包括：公众印象、公众态度和公众舆论。

在综合实验平台运行中，各手机制造企业会得到市场监督管理局、税务局、会计师事务所、银行、媒体公司客户、供应商、合作商的总体认知和评价。市场监督管理局、税务局、会计师事务所、银行、媒体公司等服务机构，也会受到各手机制造企业的总认知、评价和定期评估。这种互评考核的结果，会直接影响组织的团队成绩，通过学习组织形象策划与管理的相关知识，有助于各个机构提高互评打分结果。

（一）组织形象的分类

组织形象按照内外表现划分，可以分为内在形象和外在形象。组织的内在形象包括：组织目标、组织精神、组织风气等，是看不见、摸不着的部分，是组织形象的核心。组织的外在形象包括：组织的名称、LOGO、司（局、行、所）歌、产品外观和包装、公开活动或仪式等，是看得见、听得到的部分，是内在形象的外在表现。

组织形象根据主客观属性划分，分为实态形象和虚态形象。组织的实态形象包括：客观形象，指组织的实际观念、行为和物质形态，它是不以人的意志为转移的客观存在。组织的虚态形象：政府、用户、供应商、合作伙伴、内部员工等组织关系者对组织整体的主观印象，是实态形象通过传播媒体等渠道产生的印象。

组织形象根据接受者的范围划分，可以分为内部形象和外部形象。组织的外部形象包括：员工以外的社会公众形成的对组织的认知。组织的内部形象包括：该组织的全体员工对组织的整体感觉和认识。

组织形象按社会公众的评价态度不同，可以划分为组织正面形象和负面形象。在综合实验平台运行中，诸如企业征信评级较高，年检先锋、纳税大户、净利润领先等先进事迹的积累，自然会赢得公众更多的正面形象；如果出现员工投诉、工资不合规或频繁拖欠、偷税漏税、销售违约、不良贷款等事件，就会给企业带来更多的负面形象。服务机构也有类似的效应，如果市场监督管理局及时有效治理不合理定价、市场垄断，保障员工合法权益，业务办理专业高效；如果税务局能够体察企业苦衷，提高办税效率、适时根据企业发展需求推出税收优惠或财政扶持计划；如果会计师事务所能够为企业推出更加合理的服务套餐和定价套餐，帮助企业迅速掌握税收筹划的应用实务，帮助企业快速做出更好的投融资财务计划，如果商业银行提高贷款效率，适时为企业推送丰富、实用的投资理财渠道，实现共赢等局面，都会为自身赢得更多的正面形象。如果在为企业服务过程中，出现办事效率低下、朝令夕改、态度冷漠、产品有价无市，甚至出现企业投诉等现象，就会为服务机构带来负面形象，影响评分和排名结果。

二、组织形象识别系统 CIS 的基本构成

组织形象识别系统（CIS），是指组织经营理念、行为活动、视觉传达等实体性与非实体性的整体传播系统，其中以标志 LOGO、标准字、标准色、组织精神口号等基本要素为主要的识别要素。

组织形象识别（corporate identity system，CIS）系统包含理念识别 MI（mind identity）、行为识别 BI（behavior identity）和视觉识别 VI（visual identity）三部分。理念识别（MI）主要包括组织的经营方向、企业精神、经营风格等内容；行为识别（BI）主要包括组织成员形象、工作环境、技术进步与产品形象、营销公关形象、公益与文化活动形象等；视觉识别（VI）主要包括组织名称、标志 LOGO、标准字色、徽标、建筑物、产品包装、办公用品、员工制服、交通工具等形象要素。

三、组织形象设计

（一）企业理念（MI）的设计

企业理念的设计可以从企业经营宗旨的定位、经营方针的定位、企业价值观、企业精神、形象口号等方面着手。

1. 企业经营宗旨的定位——明确企业做什么

（1）由产业引出经营宗旨。如上海锦江饭店的企业理念是：搞旅游就是交朋友。

（2）直接点明经营宗旨。如汇源果汁集团的企业理念是：喝汇源果汁，走健康之路。

2. 经营方针的定位——明确企业怎么做

如北京现代汽车的企业理念是：以质量制胜，以品质立足。

3. 企业价值观——明确企业为什么做

如海尔集团的企业理念包含人才观、市场观、生存观、质量观、服务观、创新观和竞争观等，具体如下：

● 人才观：人人是人才，赛马不相马。
● 市场观：市场唯一不变的法则就是永远在变。
● 生存观：永远如履薄冰，永远战战兢兢。
● 质量观：有缺陷的产品就是废品。
● 服务观：真诚到永远。
● 创新观：海尔的全体员工不仅产品创新、文化创新，而且始终理念创新。
● 竞争观：只要高出竞争对手的水平，就能掌握市场的主动权。

4. 企业精神——企业全体职工内心共鸣的思想境界

如同仁堂的企业理念表现为其独有的"堂训"：同修仁德，亲和敬业，共献仁术，济世养生。

5. 形象口号

如中国移动的企业理念正是以形象口号表达的：沟通从心开始。某手机制造企业的名称是四川五星电子科技有限公司，这家企业的口号是：唯一的品质，是处处皆品质。再如某手机制造企业的名称是四川大米辣移动通信有限公司，其口号是无辣不欢，大而不同。这家企业成员在综合实验过程中，还非常注意收集代表企业形象的道具，如大米辣一般的涂改液，以及真的用大米粘贴而成的小相册，以记载组织成员创业和工作的点点滴滴。

（二）企业行为识别（BI）的设计

企业行为的设计，主要包括组织内部行为设计和组织外部行为设计。

1. 组织内部行为设计

组织内部行为设计主要包括组织工作环境、领导和员工的教育培训、员工的行为规范化等方面的形象设计。

● 组织环境：视听、温湿度、嗅觉、装饰等物理环境，员工风貌、领导作用、合作氛围、内部管理、福利制度等人文环境。
● 领导教育培训：使组织的管理者既懂管理又懂技术。
● 员工教育培训：向员工讲授管理制度、技能、操作类的培训。
● 员工行为规范化：员工的仪容仪表、社交礼仪、工作流程等方面的形象设计。

组织内部行为设计的案例如图5.1所示。

图 5.1 组织内部行为设计案例

该案例是某家手机制造企业的同学们完成的一次工作日志写作。虽然课程对工作日志没有过多的写作要求，但是这家企业的成员在工作日志中，依然彰显组织内部行为形象，各成员统一写作体例，并把整齐划一的正装照，设计在了工作日志中，很好地展示了企业的员工风貌。

2. 组织外部行为设计

组织外部行为设计主要包括以下内容：

● 市场调查：组织与公众的双向传播。

● 产品开发：产品与服务的改良、改进、革新与创新。

● 服务工作：消费者购前、购中、购后的服务。

● 广告宣传：量入为出，合理预算、选择媒体。

● 促销活动：短期引起注意。

● 社会公益活动：影响大，容易产生轰动效应。

● 公共关系：专递信息、塑造美好形象。

组织外部行为设计的案例如图5.2所示：

图5.2　组织外部行为设计

该案例中，税务局和会计师事务所的从业者，邀请媒体公司的工作人员，为他们联合制作了一个宣传报道。由于税务局和会计师事务所同属于服务机构，所以在这次宣传报道中，他们首先设计的新闻报道是关于优秀企业的表彰公示，之后他们设计了记者专访，对组织形象和业务范围进行了很好的大众传播，也为他们在企业中赢得了更好的互评打分结果。

（三）企业视觉识别（VI）的设计

企业视觉识别的设计，主要包括组织名称、品牌标志、标准字、标准色、象征图案等要素。

1. 组织名称

企业在注册登记期，需要首先在市场监督管理局完成企业名称预先核准。企业名称一般由以下部分依次组成：企业所在市区+企业字号+行业名称或行业特点+企业组织形式。如：成都（市）+蜂蜜（字号）+ 科技（行业或者行业特点）+ 股份有限公司（组织形式）。

组织名称中所用的字号不得与其他已核准或注册的相同行业或无标明行业的企业名称中的字号相同，但有投资关系的除外；不得与其他企业变更名称未满一年的原名称相同；不得与已注销登记或被吊销营业执照未满 3 年的企业名称相同；

组织名称冠有"中国""中华""全国""国家""国际"等字样的，或者在名称中间使用"中国""中华""全国""国家"等字样的，或名称不含行政区划的，需符合《企业名称登记管理实施办法》第五条、第十条的规定；

企业名称中不得含有另一个企业名称。企业分支机构名称应当冠以其所从属企业的名称；企业名称应当使用符合国家规范的汉字，不得使用汉语拼音字母、阿拉伯数字等；企业名称中的字号应当由两个以上的字组成。行政区划不得用作字号，但县级以上行政区划的地名具有其他含义的除外；企业名称不应当明示或暗示有超越其经营范围的业务。

2. 品牌标志（LOGO）

企业品牌标志的设计应坚持简单、好记、永恒、通用、合适等原则。

●简单：品牌标志要简单好认，这样应用场合更广，也更容易被人记住。

●可记忆：品牌标志要能让人记住。

●永恒：品牌标志要能够经受时间的考验。

●通用：品牌标志要能在各种媒介和应用上适用。要用矢量格式来设计，能以单色使用。

●合适：品牌标志要根据预期目的有合适的定位，符合行业及产品特征。

如图 5.3 所示，"成都四大会计师事务所"设计的品牌标志，就比较符合简单、好记、永恒、通用和合适的基本原则。

图 5.3　成都四大会计师事务所品牌标志设计案例

3. 标准字

标准字是指经过设计的专门用以表现企业名称或品牌的字体。主要包括书法标准字体、装饰标准字体、英文标准字体的设计。

4. 标准色

企业把某一特定的色彩或一组色彩，统一运用在所有传播媒体上，通过色彩的知觉刺激与心理反应，以表达企业的经营理念和产品服务的特质。比如餐饮业大多使用偏橙、偏红的暖色系，暖色色温高，容易刺激肾上腺素分泌，产生食欲以及对食品新鲜度的良好感觉。女性化妆品行业多以粉、紫、蓝为首选，表示为女性服务的行业。

5. 象征图案

为了强化组织性格，突出产品特点特质而选择适宜的人物、动物、植物等，绘制形象化的图形，以吸引公众注意。

第六讲
企业通过名称预先核准

学习目标

● 企业如何填写名称预先核准委托书；
● 企业如何填写名称预先核准申请书；
● 企业名称的规范格式；
● 不同企业类型的含义。

企业名称预先核准是企业设立登记的第一步，指的是设立公司应当申请名称预先核准，这样可以使企业避免在筹组过程中，因名称的不确定性而带来的登记申请文件、材料使用名称杂乱，并减少因此引起的重复劳动和重复报批现象。

结合综合实验平台，我们首先向市场监督管理局（原工商局）申请企业名称预先核准，如图 6.1 所示。

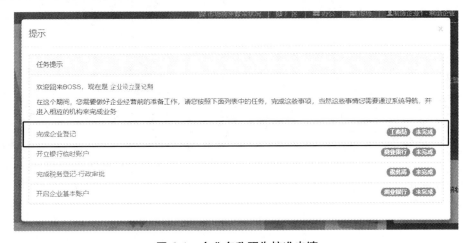

图 6.1　企业名称预先核准申请

企业的同学使用自己的用户名和密码，登录综合实验平台后，首先映入眼帘的是企业设立登记期的任务提示。这里有四项提示，分别是：在工商局完成企业登记；在税务局完成税务登记；在商业银行完成开立银行临时账户；在商业银行开启企业基本账户。这四项任务是企业设立登记期必须完成的任务，而且具有严格的序列性，每一项任务的成功完成，是下一项任务开始申请的前提和基础。所以，我们首先在

45

市场监督管理局（原工商局）申请企业登记。单击"完成企业登记"，进入市场监督管理局（原工商局）的办事大厅，如图6.2所示。

图6.2　市场监督管理局（原工商局）办事大厅

单击下方"企业登记"任务栏，如图6.3所示。

图6.3　单击"企业登记"任务栏

左边菜单中，单击"名称预先核准委托人代理申请书"，如图6.4、图6.5所示。

名称预先核准委托人代理申请书

名称预先核准申请书

名称预先核准投资人名录

名称预先核准通知书

设立登记申请书

法人代表以及监理事信息表

住所证明登记表

财务人员以及企业联系人登记

公司章程

营业执照正本

营业执照副本

图 6.4 单击名称预先核准委托人代理申请书

名称预先核准委托书

本人 张三 ，接受投资人（合伙人）委托，现向登记机关申请名称预先核准，并郑重承诺：如实向登记机关提交有关材料，反映真实情况，并对申请材料实质内容的真实性负责。

委托人（投资人或合伙人之一）　　　　申请人（被委托人）

（签字或盖章）李四　　　　　　　　　（签字）张三

申请人身份证明复印件粘贴处

（身份证明包括：中华人民共和国公民身份证（正反面）、护照（限外籍人士）、长期居留证明（限外籍人士）、港澳永久性居民身份证或特别行政区护照、台湾地区永久性居民身份证或护照、台胞证、军官退休证等）

联系电话：XXXXXXXXXXX　　　　　邮政编码：611130

通信地址：四川省成都市温江区柳台大道 555 号　　申请日期：XXXX 年 X 月 X 日

提交

图 6.5 "名称预先核准委托书"界面

企业的同学们可以参照模板填写名称预先核准委托书。这里我们对委托人和申请人（被委托人）加以简单说明：委托人可以是企业的投资人或合伙人，委托人是自然人的，由本人亲笔签字；委托人是非自然人的，需要加盖其公章；委托人是外方非自然人的，由其法定代表人签字。申请人（被委托人）是指受投资人委托，到登记机关办理名称预先核准的自然人，也可以是投资人（合伙人）中的自然人，由投资人或合伙人亲自办理的，无须委托人签字。按要求填写完成之后，单击提交。

市场监督管理局（原工商局）的同学们，通过使用自己的用户名和密码登录综合实验平台，进入市场监督管理局（原工商局）的办公区，选择"我的任务"，如图 6.6 所示。

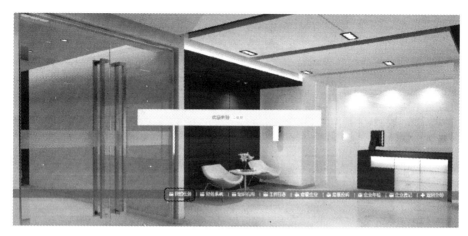

图 6.6 选择"我的任务"

在左边菜单中选择"领取任务",如图 6.7 所示。

图 6.7 选择"领取任务"

单击左边菜单的"领取任务",市场监督管理局(原工商局)的经办人员"领取"该制造企业申请的任务,如图 6.8 所示。

图 6.8 "领取"该制造企业申请的任务

市场监督管理局(原工商局)的经办人员在业务流程图中选择"领取并处理",可以看到当前该企业处于流程图的第一步,有绿色荧光标识,"企业填写委托人申请表",单击"领取并处理",如图 6.9 所示。

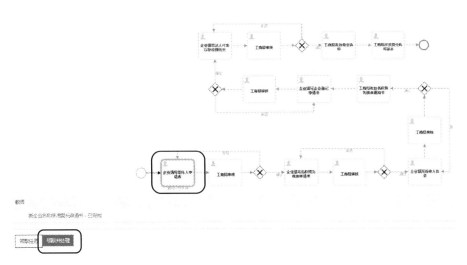

图 6.9 选择"领取并处理"

市场监督管理局（原工商局）的同学对填写规范无误的企业，选择通过，提交；对填写不规范、有错误的企业，选择驳回，提交。被驳回的企业需要修改后重新提交，重新通过工商局的审核，直到通过，如图 6.10 所示。

名称预先核准委托书

本人 ____，接受投资人（合伙人）委托，现向登记机关申请名称预先核准，并郑重承诺：如实向登记机关提交有关材料，反映真实情况，并对申请材料实质内容的真实性负责。

委托人（投资人或合伙人之一）①　　　申请人（被委托人）②
（签字或盖章）____　　　（签字）____

申请人身份证明复印件粘贴处
（身份证明包括：中华人民共和国公民身份证（正反面）、护照（境外籍人士）、长期居留证明（境外籍人士）、港澳永久性居民身份证或特别行政区护照、台湾地区永久性居民身份证或护照、台胞证、军官退休证等）

联系电话 13600889999　　邮政编码 651113□
通信地址 四川省成都市府台大道555号
申请日期 2018 年 02 月 02 日

注：① 委托人可以是本申请书第3页"投资人（合伙人）名录"表中载明的任一投资人（合伙人）。委托人是自然人的，由本人亲笔签字；委托人为非自然人的，加盖其公章；委托人为外方非自然人的，由其法定代表人签字。
② 申请人（被委托人）是接受投资人委托向登记机关办理名称预先核准的自然人，也可以是投资人（合伙人）中的自然人，由后者亲自办理的，无需委托人签字。

○驳回 ●通过

提交

图 6.10 市场监督管理局（原工商局）审核"名称预先核准委托书"

企业的同学们可以回到办公室，继续单击"完成企业设立登记"，如图 6.11 所示。

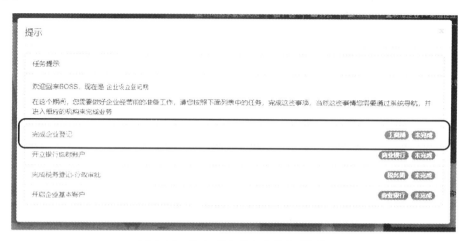

图 6.11 单击"完成企业设立登记"

菜单中选择领取任务，单击领取并处理，如图 6.12、图 6.13 所示。

图 6.12 单击"领取任务"

名称预先核准申请书

图 6.13　处理"名称预先核准申请书"

填写名称预先核准申请书。这里需要注意：

企业名称的规范格式是：行政区划+字号+行业特征+组织形式。例如：成都蜂蜜科技有限责任公司。备选字号至少写三个，以备字号因被使用而替换。

主营业务是指企业所从事的主要经营项目，综合实验平台中涉及手机制造与销售、金融服务、财务咨询与服务、广告宣传等项目，不同企业可以根据自己的实际情况进行填写。

企业类型：可以按照经济类型对企业进行分类。根据宪法和有关法律规定，我国目前有国有经济、集体所有制经济、私营经济、联营经济、股份制经济、涉外经济（包括外商投资、中外合资及港、澳、台投资经济）等经济类型，相应我国企业立法的模式也是按经济类型来安排，从而形成了按经济类型来确定企业法定种类的特殊情况。它们是：

国有企业（全民所有企业）：企业的全部财产属于国家，由国家出资兴办的企业。国有企业的范围包括中央和地方各级国家机关、事业单位和社会团体使用国有资产投资所举办的企业，也包括实行企业化经营、国家不再核拨经费或核发部分经费的事业单位及从事生产经营性活动的社会团体，还包括上述企业、事业单位，社会团体使用国有资产投资所举办的企业。

集体所有制企业：一定范围内的劳动群众出资举办的企业。它包括城乡劳动者使用集体资本投资兴办的企业，以及部分个人通过集资自愿放弃所有权并依法经工商行政管理机关认定为集体所有制的企业。

私营企业：由自然人投资设立或由自然人控股，以雇佣劳动为基础的营利性经济组织。即企业的资产属于私人所有，有法定数额以上的雇工的营利性经济组织，在我国这类企业由公民个人出资兴办并由其所有和支配，而且其生产经营方式是以雇佣劳动为基础，雇工数额应在 8 人以上。这类企业原以经营第三产业为主，现已涉足第一、第二产业，并向科技型、生产型、外向型方向发展。

股份制企业：企业的财产由两个或两个以上的出资者共同出资，并以股份形式而构成的企业。我国的股份制企业主要是指股份有限公司和有限责任公司。

（1）有限责任公司。有限责任公司由 50 个以下的股东出资设立，每个股东以其所认缴的出资额对公司承担有限责任，公司法人以其全部资产对公司债务承担全部责任的经济组织。这种类型较为适用于创业企业，大部分的投融资方案、VIE 架构（协议控制）等都是基于有限责任公司进行设计的。

（2）股份有限公司。股份有限公司由 2 人以上 200 人以下的发起人组成，公司全部资本为等额股份，股东以其所持股份为限对公司承担责任。

有限合伙企业：由普通合伙人和有限合伙人组成，普通合伙人对合伙企业债务承担无限连带责任，有限合伙人以其认缴的出资额为限对合伙企业债务承担有限责任。适用于风险投资基金、公司股权激励平台（员工持股平台）等。

联营企业：企业之间或者企业、事业单位之间联营，组成新的经济实体；具备法人条件的联营企业独立承担民事责任；不具备法人条件的，由联营各方按照出资比例或者协议的约定，以各自所有的或者经营管理的财产承担民事责任。如果按照法律规定或者协议的约定负连带责任的，则要承担连带责任。

外商投资企业：这类企业包括中外合营者在中国境内经过中国政府批准成立的，中外合营者共同投资、共同经营、共享利润、共担风险中外合资的经营企业；也包括由外国企业、其他经济组织按照平等互利的原则，按我国法律以合作协议约定双方权利和义务，经中国有关机关批准而设立中外合作经营企业；还包括依照中国法律在中国境内设立的，全部资本由外国企业、其他经济组织或个人单独投资、独立经营、自负盈亏的外资企业。

个人独资企业：个人出资经营、归个人所有和控制、由个人承担经营风险和享有全部经营收益的企业。投资人以其个人财产对企业债务承担无限责任。适用于个人小规模的小作坊、小饭店等，常见于对名称有特殊要求的企业。

港、澳、台个体工商户：这是指港、澳、台投资者依照中华人民共和国有关涉外经济法律、法规的规定，以合资、合作或独资形式在大陆举办的企业。在法律适用上，均以中华人民共和国涉外经济法律、法规为依据，在经济类型上它是不同于涉外投资的经济类型。

股份合作企业：这是一种以资本联合和劳动联合相结合作为其成立、运作基础的经济组织，它把资本与劳动力这两个生产力的基本要素有效地结合起来，是具有股份制企业与合作制企业优点的新兴的企业组织形式。

企业的同学们可以根据自身的实际情况，选择相应的企业类型。

注册资本金或资金数额或出资额（营运资金）：手机制造企业假设统一为 1 000

万元人民币；会计师事务所不少于 30 万元人民币；银行假设统一为 1 亿元人民币；媒体公司为不少于 10 万元人民币。

企业的同学们规范填写完名称预先核准申请书后，单击提交，等待市场监督管理局（原工商局）审核。

市场监督管理局（原工商局）的同学们在我的任务中，领取任务，选择领取并处理，如图 6.14 所示。

图 6.14 在"我的任务"中领取任务

对填写规范无误的企业，选择通过，提交；对填写不规范、有错误的企业，选择驳回，提交，如图 6.15 所示。被驳回的企业需要修改后重新提交，重新通过工商局的审核，直到通过。至此企业就拥有了市场监督管理局（原工商局）通过的企业名称预先核准。

名称预先核准申请书

图 6.15

第七讲
企业获得营业执照和印章

学习目标

- 企业如何填写投资人（合伙人）名录登记；
- 企业如何填写内资公司设立登记申请书；
- 企业如何填写法人、董事、经理、监事信息表；
- 市场监督管理局（原工商局）颁发营业执照正本和副本的流程；
- 企业印章的分类与用法发。

企业获得营业执照的过程，涉及企业法人登记工作。企业法人登记是由工商行政管理机关进行的，根据法规对企业提出的法人登记申请进行审核，代表国家授予企业法人资格，并加以登记。规定企业法人登记制度的主要法规是《中华人民共和国企业法人登记管理条例》和《中华人民共和国民法总则》。凡具备法人条件的全民所有制企业、集体所有制企业、私营企业、联营企业，以及中国境内设立的中外合资经营企业、中外合作经营企业和外资企业等，均应办理企业法人登记，未经企业法人登记主管机关核准登记注册的，不得从事经营活动。

企业的同学们可以回到办公室，继续单击"完成企业登记"，如图7.1所示。

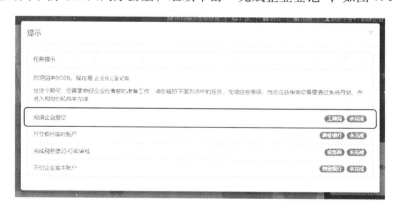

图7.1 单击"完成企业登记"

在菜单中选择"领取任务"—"领取"—"领取并处理"，如图7.2、图7.3所示。

　　企业在菜单中选择领取任务，领取"企业填写投资人名录"的任务，单击领取并处理。

图 7.2　单击"领取任务"

图 7.3　单击"领取并处理"

　　在投资人名录中，企业可以根据团队成员的出资情况，如实填写出资金额。如实规范填写完成后，单击提交。等待市场监督管理局（原工商局）审核，如图 7.4 所示。

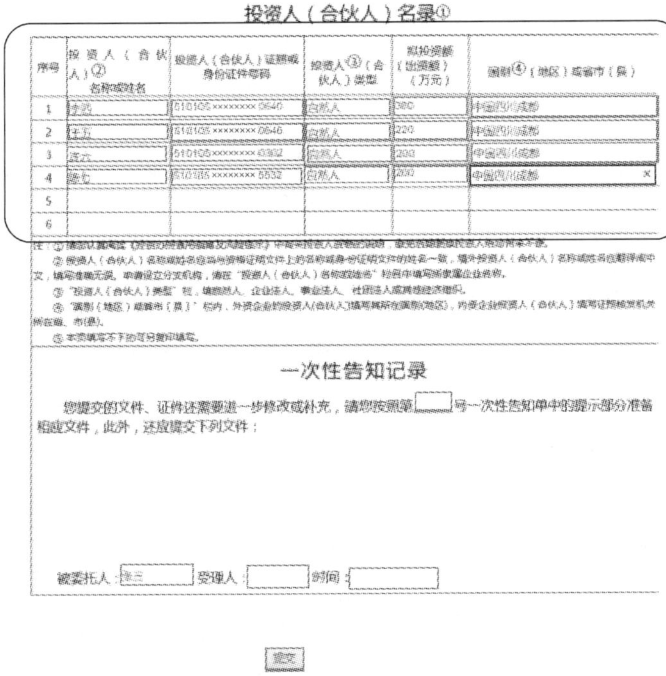

图 7.4　填写"投资人（合伙人）名录"

市场监督管理局（原工商局）的同学们，选择我的任务，领取任务，领取并处理，如图 7.5 所示。

图 7.5　领取并处理任务

市场监督管理局（原工商局）经办人员在受理人处签名，输入时间，对填写规范无误的企业，选择通过，提交；对填写不规范、有错误的企业，选择驳回，提交，如图 7.6 所示。被驳回的企业需要修改后重新提交，直到通过审核。

投资人（合伙人）名录①

序号	投资人（合伙人）② 名称或姓名	投资人（合伙人）证照或身份证件号码	投资人③（合伙人）类型	知投资额（出资额）（万元）	国别④（地区）或省市（县）
1	李四	510105××××××0648	自然人	380	中国四川成都
2	王五	510105××××××0646	自然人	220	中国四川成都
3	庄六	510105××××××0302	自然人	200	中国四川成都
4	陈七	510105××××××5532	自然人	200	中国四川成都
5					
6					

注：① 请您认真阅读《投资人须通用指南及风险提示》中有关投资人介绍的说明，避免后期更换投资人给您带来不便。
② 投资人（合伙人）名称或姓名应当与资格证明文件上的名称或身份证明文件的姓名一致，提供投资人（合伙人）名称或姓名应选择中文，填写准确无误，申请设立分机构，请在"投资人（合伙人）名称或姓名"栏目中填写准备筹建企业名称。
③ "投资人（合伙人）类型"栏，填写自然人、企业法人、事业法人、社团法人及其他组织。
④ "国别（地区）或省市（县）"栏内，外商企业的投资人（合伙人）填写其所在的国别（地区），内资企业投资人（合伙人）填写其证照核发机关所在省、市（县）。
⑤ 本页填写不下的可另页继续填写。

一次性告知记录

您提交的文件、证件还需要进一步核改或补充，请您按照第 ___ 号一次性告知单中的提示部分准备组建文件，此外，还应提交下列文件：

被委托人 张三　　受理人 李明　　时间 2018.06.08 ×

○驳回 ●通过

提交

图 7.6　审核"投资人（合伙人）名录"

经管类跨专业综合仿真实验

市场监督管理局（原工商局）继续领取任务，单击领取并处理，填写企业名称预先核准通知书，如图7.7所示。自定义抬头编号，核实企业名称、投资金额、投资人信息，填写核准日期，以上信息正常情况下均在一个月内有效。

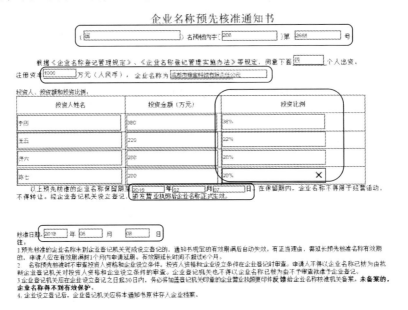

图7.7　填写"企业名称预先核准通知书"

需要注意的是企业名称核准不审查投资人资格和企业设立条件，投资人资格和企业设立条件在企业登记时审查。企业登记机关应在企业设立登记之日起30日内，务必将加盖登记机关印章的企业营业执照复印件反馈给企业名称核准机关备案，未备案的，企业名称得不到有效保护。

企业收到经工商局审批的"企业名称预先核准通知书"后，继续单击"完成企业登记"，如图7.8所示。

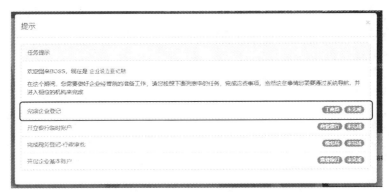

图7.8　单击"完成企业登记"

选择"领取任务"，领取并处理，如图7.9所示。

图 7.9　选择"领取任务"

由企业的法人填写"内资公司设立登记申请书"。填写市场监督管理局（原工商局）批准使用的公司名、法人姓名，签字并填写时间。在"内资公司设立登记申请书"中，法人主要承诺的事项有：

（1）向登记机关提交的所有材料真实有效；

（2）严守经营范围内的经营业务，如涉及营业制造经营范围之外的事项，应及时申请变更经营范围，及时向相关审批部门办理审批手续，未取得审批前不得从事相关经营活动；

（3）企业的法定代表人具备《公司法》规定的法人资格，是依据公司章程确定的董事长（执行董事或经理）；

（4）公司一经设立将自觉参加年度报告，依法主动公示信息，对报送公示信息的真实性和及时性负责。这条承诺在企业仿真经营中，将体现在每四个季度到市场监督管理局（原工商局）申报一次年检，并与会计师事务所和媒体公司合作，公示公司年报；

（5）公司一经设定将依法纳税，自觉履行法定统计义务，严格遵守有关法律法规的规定，诚实守信经营。这条承诺在企业仿真经营中，将体现在每个季度向税务局申报一次增值税，每4个季度向税务局申报一次所得税；配合服务机构分担的市场开拓情报统计、经济体产量统计、销量统计、工资数据统计、市场价格统计等统计工作，及时提供相关真实数据，如图7.10所示。

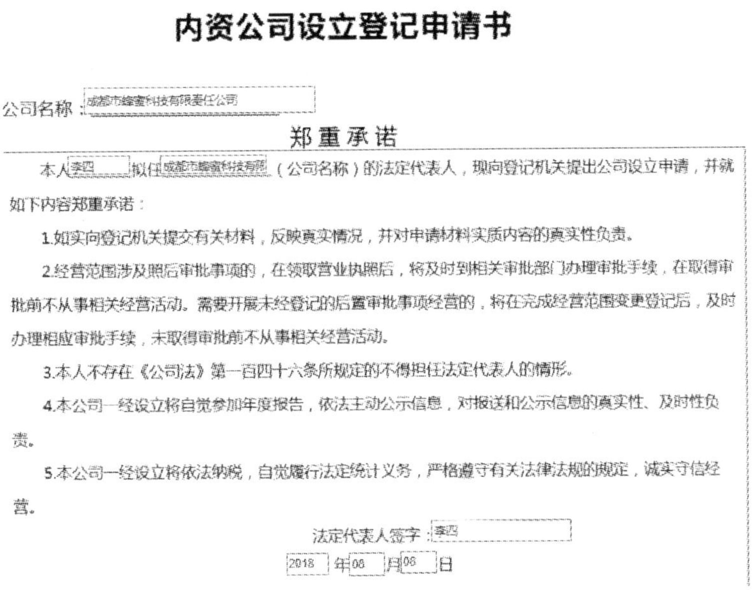

内资公司设立登记申请书

公司名称：成都市峻睿科技有限责任公司

郑重承诺

本人李四　拟任成都市峻睿科技有限（公司名称）的法定代表人，现向登记机关提出公司设立申请，并就如下内容郑重承诺：

1.如实向登记机关提交有关材料，反映真实情况，并对申请材料实质内容的真实性负责。

2.经营范围涉及照后审批事项的，在领取营业执照后，将及时到相关审批部门办理审批手续，在取得审批前不从事相关经营活动。需要开展未经登记的后置审批事项经营的，将在完成经营范围变更登记后，及时办理相应审批手续，未取得审批前不从事相关经营活动。

3.本人不存在《公司法》第一百四十六条所规定的不得担任法定代表人的情形。

4.本公司一经设立将自觉参加年度报告，依法主动公示信息，对报送和公示信息的真实性、及时性负责。

5.本公司一经设立将依法纳税，自觉履行法定统计义务，严格遵守有关法律法规的规定，诚实守信经营。

法定代表人签字：李四

2018 年 06 月 06 日

图 7.10　填写"内资公司设立登记申请书"

企业法人填写"内资公司设立登记申请书"后，继续填写"登记基本信息表"。需要注意的是：

住所需要列明详细地址，精确到门牌号或房间号。

生产经营地用于核实税源，应如实填写详细信息；如不填写，视为与住所一致。发生变化的，由企业向税务主管机关申请变更。

关于"注册资本"：有限责任公司是在公司登记机关股东认缴的出资额；发起设立的股份有限公司是在公司登记机关登记的全体发起人认购的股本总额；募集设立的股份有限公司是在公司登记机关登记的实收股本总额。

"登记基本信息表"界面如图 7.11 所示。

图 7.11 填写"登记基本信息表"

企业法人填写完"内资公司设立登记申请书"和"登记基本信息表"后，单击提交，等待工商局审批。

市场监督管理局（原工商局）在我的任务中，领取任务，并处理，如图 7.12 所示。

经/管/类/跨/专/业/综/合/仿/真/实/验

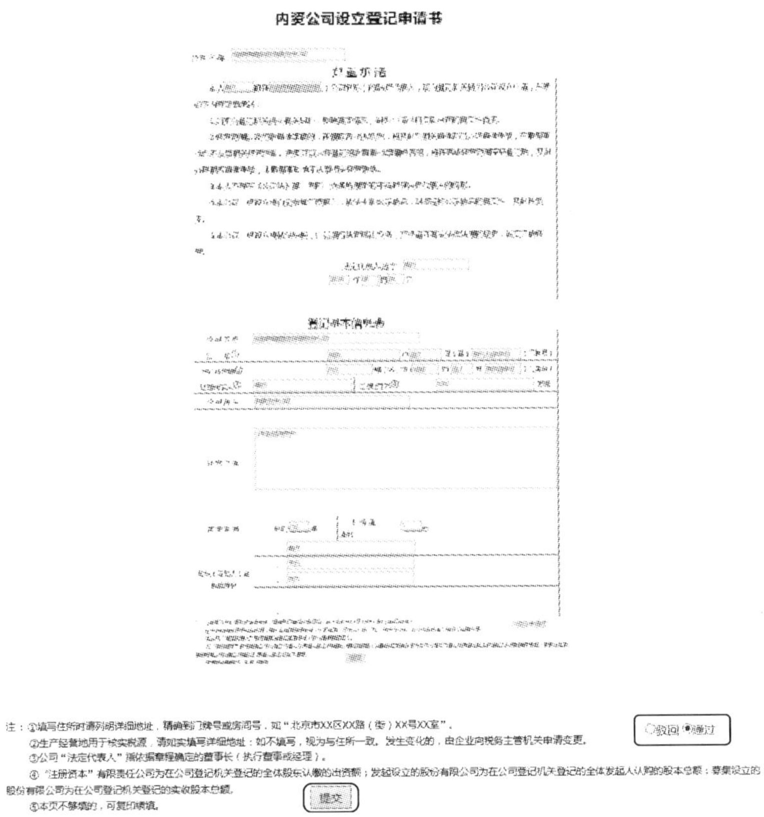

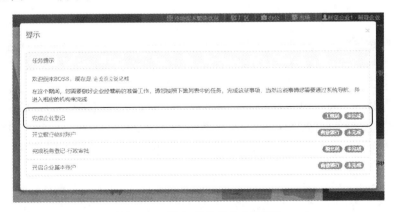

图 7.12 市场监督管理局（原工商局）领取任务并处理

市场监督管理局（原工商局）对填写规范无误的企业，选择通过，提交；对填写不规范、有错误的企业，选择驳回，提交。被驳回的企业需要修改后重新提交，重新审核直到通过。

企业收到审批后的"内资公司设立登记申请书"后，继续单击"完成企业登记"，如图 7.13 所示。

图 7.13 单击"完成企业登记"

选择领取任务，领取并处理。

填写法定代表人、董事、经理、监事信息表。这里需要注意的是：

（1）现居所中国公民填写户籍登记住址，非中国公民填写居住信息；

（2）职务：董事长（执行董事）、董事、经理、监事会主席、监事。上市股份有限公司设置独立董事的应在"职务"栏内注明。

（3）产生方式：按照公司章程规定填写，董事、监事一般为选举或委派；经理一般为聘任。

担任公司法定代理人的人员，请在对应"是否为法定代表人"栏内填"√"，其他人员勿填。

（4）全体股东盖章（签字）处，股东为自然人的，由股东签字；股东为非自然人的，加盖股东单位公章，不能在此页盖章签字的，应另行提交有关选举、聘任的证明文件。

填写"法定代表人、董事、经理、监事信息表"界面如图 7.14 所示。

法定代表人、董事、经理、监事信息表①

股东在本表的盖章或签字视为对下列人员职务的确认，如可另行提交下列人员的任职文件，则无需股东在本表盖章或签字。

姓名	现居所②	职务信息			是否为法定代表人⑤	法定代表人移动电话
		职务③	任职期限	产生方式④		
李四	成都市温江区春风路28号	法人	10年	指定	√	13608006028
王五	成都市温江区春风路29号	董事	10年	选举		
许六	成都市温江区春风路30号	经理	10年	聘任		
陈七	成都市温江区春风路31号	监事	10年	选举		

全体股东盖章（签字）⑥ 李四 王五 许六 陈七

注：① 本项不够填的，可复印续填。
② "现居所"栏，中国公民填写户籍登记住址，非中国籍填写居住地址。
③ "职务"指董事长（执行董事）、副董事长、董事、经理、监事会主席、监事。上市股份有限公司设置独立董事的应在"职务"栏内注明。
④ "产生方式"按照公司章程填写，董事、监事一般为"选举"或"委派"；经理一般为"聘任"。
⑤ 担任公司法定代表人的人员，请在对应的"是否为法定代表人"栏内填"√"，其他人员勿填此栏。
⑥ 全体股东盖章（签字）处，股东为自然人的，由股东签字；股东为非自然人的，加盖股东单位公章。不能在此页盖章（签字）的，应另行提交有关选举、聘用的证明文件。

图 7.14　填写"法定代表人、董事、经理、监事信息表"

企业填写完"法定代表人、董事、经理、监事信息表"后，单击提交，等待工商局审批。

市场监督管理局（原工商局）在我的任务中，领取任务，领取并处理。核查企业提交的"法定代表人、董事、经理、监事信息表"正确无误后，经办人员填写自己的相关信息和时间，选择通过，单击提交。对填写不规范、有错误的企业，选择驳回，单击提交。被驳回的企业需要修改后重新提交，重新审核，直到通过。

市场监督管理局（原工商局）单击营业执照正本"生成流水号"，则为企业生成了统一社会信用代码，核实企业信息无误后，单击提交，如图 7.15 所示。

图 7.15　"生成流水号"

市场监督管理局（原工商局）继续领取任务并处理。

市场监督管理局（原工商局）核实企业营业执照副本信息无误后，单击提交，如图 7.16 所示。

图 7.16　核实企业营业执照副本信息

企业向市场监督管理局（原工商局）申领营业执照的正本和副本工作圆满结束，如图 7.17 所示。

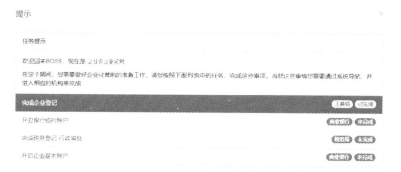

图 7.17　企业申领营业执照正本和副本工作结束

此时需要企业和市场监督管理局（原工商局）进行互评考核，如图 7.18 所示。

图 7.18　"在线评分"界面

企业和市场监督管理局（原工商局）在各自领取任务的界面，选择"任务评分"，满分为 10 分，打分之后选择提交即可。

市场监督管理局（原工商局）应为企业颁发纸质版的营业执照正本和副本，加盖工商局公章。同时为企业颁发企业印章，如图 7.19 所示。下面我们介绍一下企业印章的分类和用法。

图 7.19　企业的营业执照正本、副本及印章

企业印章是指企业刻制的以文字、图记表明主体同一性的公章、专用章，它是企业从事民事活动、行政活动的符号和标记，如图7.20所示。企业印章主要包括企业公章、法人章、财务章，多数企业还有合同章、发票章。另外，也可选择刻制业务专用章和部门专用章。

图 7.20 企业印章

企业公章，形似大圆章，公章上的内容为企业的全称，其审批人为企业法定代表人或者其授权委托人，其使用范围为以企业名义发出的信函、公文、介绍信、证明、劳动合同以及其他公司材料，如图7.21所示。

图 7.21 企业公章

财务专用章，形似小圆章，其内容为企业名称外加"财务专用章"字样，其审批人为财务总监或者其授权委托人，责任人为财务总监，具体管理人为会计经理，主要使用范围为会计审核、银行结算、内部财务管理、往来询证函、社保的转移及支出业务等，如图7.22所示。

图 7.22 财务专用章

法人手签章，形似方章，其内容是法人姓名，其审批人为法定代表人或者其授权委托人，其使用范围主要是进出口相关单据的办理及使馆担保函的签订等，其具体的管理人员为财务经理或者负责人，管理责任人为财务总监。

企业印章需要建立专人保管制度，具体而言：企业应有专人管理公章、业务章、合同章等，应设立印章使用登记制度，登记簿应由印章保管人专人保管和登记。严禁将印章带出企业，严禁在空白贷款合同或协议便笺上盖公章。对财务专用章和会计人员向银行预留的私人印章，应由出纳和会计分别保管，切不可由出纳一人统管。在行课过程中，市场监督管理局（原工商局）的同学们应做好企业印章管理的监督和指导工作。

第八讲
企业申请一般纳税人资格

学习目标

● 如何完成增值税一般纳税人资格登记；

● 如何完成纳税人税务补充信息表；

● 企业独立核算与非独立核算的区别；

● 不同会计制度的适用范围；

● 营改增与国地税合并实务。

完成税务登记是企业设立登记的第二步，指的是税务机关依据税法规定，对纳税人的生产、经营活动进行登记管理的一项法定制度，也是纳税人依法履行纳税义务的法定手续。税务登记是整个税收征收管理的起点。从事生产、经营的纳税人领取工商营业执照（含临时工商营业执照）的，应当自领取工商营业执照之日起 30日内申报办理设立税务登记，如图 8.1 所示。结合综合实验平台，我们一起来申请税务登记：

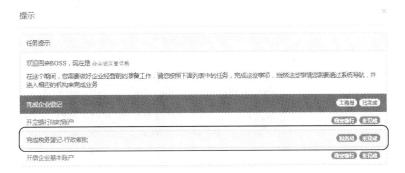

图 8.1　税务登记申请

企业的同学们，上一讲我们已完成了在市场监督管理局（原工商局）的企业登记，在任务提示中显示已完成并标蓝。本讲请大家单击任务提示的第三行"完成税务登记-行政审批"，我们会进入税务局的办事大厅。

在税务局的办事大厅里，单击"行政审批"，如图 8.2 所示。

图8.2 单击"行政审批"

左边菜单中选择"税务报道",如图8.3所示。

图8.3 税务报道

左边菜单中选择"增值税一般纳税人资格登记",如图8.4所示。

图8.4 选择"增值税一般纳税人资格登记"

在新一般纳税人登记流程中,单击"新建"。

企业的同学们开始填写"增值税一般纳税人资格登记表",如图8.5所示。

经/管/类/跨/专/业/综/合/仿/真/实/验

图 8.5　填写"增值税一般纳税人资格登记表"

填表日期：应该发生在取得营业执照之日起不超过 30 天的时间。

社会信用代码也是纳税人识别号：应与营业执照上"统一社会信用代码"保持一致，如 380360793600648261。

纳税人名称：企业全称，如成都市蜂蜜科技有限责任公司。

法定代表人：应与工商登记机关登记的"法定代表人信息表"里的内容一致；财务负责人和办税人员的信息如实填写。

税务登记日期：税务登记日期与填表日期一致。

生产经营地址和注册地址：应与工商登记机关登记的"登记基本信息表"里的内容一致。

纳税人类别：在我们模拟的仿真实验平台中，同学们可以选择企业。

主营业务类别：参照在工商登记机关登记的"登记基本信息表"里的经营范围进行选择，比如手机制造企业可以选择"工业"，会计师事务所和媒体公司都可以选择服务业。

会计核算体系：会计核算体系应该健全，选择"是"。

一般纳税人资格生效之日：纳税人可根据需要，自行选择当月 1 日或次月 1 日作为一般纳税人资格生效之日，按照增值税一般计税方法计算应纳税额。

企业的同学们如实填写完增值税一般纳税人资格登记表之后，单击提交，等待税务局审批。

税务局的同学们，通过使用自己的用户名和密码登录综合实验平台，如图 8.6所示。

图 8.6　登录综合实验平台

点击"领取任务",如图 8.7 所示。

图 8.7　点击"领取任务"

对企业提交的"新一般纳税人资格登记流程",选择领取,选择领取并处理,如图 8.8 所示。

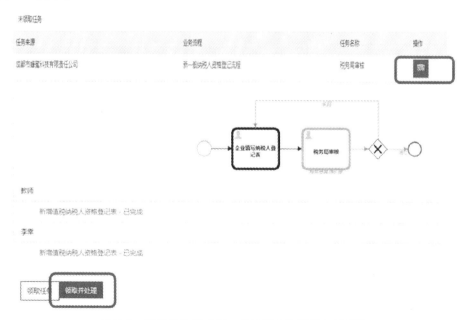

图 8.8　领取并处理"新一般纳税人资格登记流程"

税务局的同学对填写规范无误的企业，选择通过，提交；对填写不规范、有错误的企业，选择驳回，提交。被驳回的企业需要修改后重新提交，重新通过税务局的审核，直到通过，如图 8.9 所示。

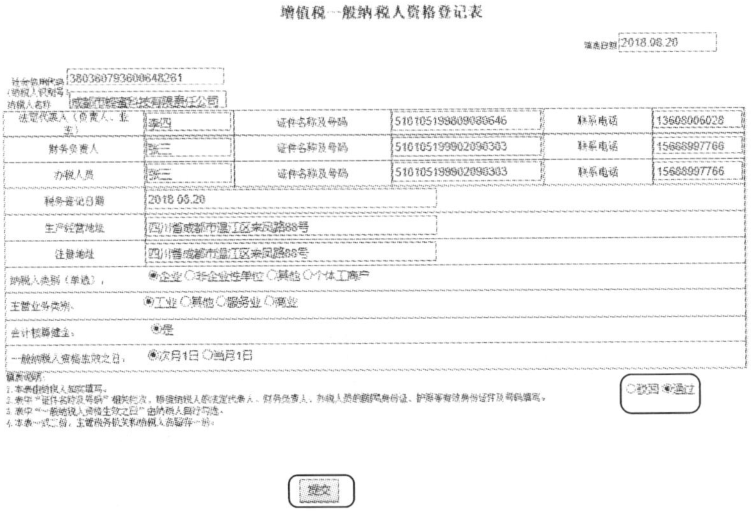

增值税一般纳税人资格登记表

填表日期 2018.08.20

社会信用代码（纳税人识别号） 380380793600648281

纳税人名称 成都市[illegible]有限责任公司

法定代表人（负责人、业主）	李四	证件名称及号码	510105199809080646	联系电话	13608006028
财务负责人	张三	证件名称及号码	510105199902090303	联系电话	15668997766
办税人员	张三	证件名称及号码	510105199902090303	联系电话	15668997766
税务登记日期	2018.08.20				
生产经营地址	四川省成都市温江区来凤路88号				
注册地址	四川省成都市温江区来凤路88号				
纳税人类别（单选）：	◉企业 ○非企业性单位 ○其他 ○个体工商户				
主营业务类别：	◉工业 ○其他 ○服务业 ○商业				
会计核算健全：	◉是				
一般纳税人资格生效之日：	◉次月1日 ○当月1日				

填表说明：

○驳回 ◉通过

提交

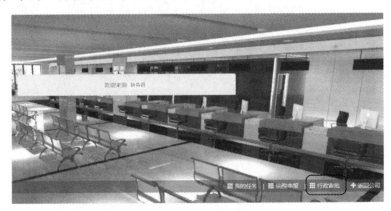

图 8.9　税务局审核“一般纳税人资格登记表”

企业的同学在任务提示中继续选择“完成税务登记-行政审批”，在税务局的办事大厅里，单击“行政审批”，如图 8.10 所示。

图 8.10　单击“行政审批”

在左边菜单中选择“税务报道”，如图 8.11 所示。

图 8.11　选择"税务报道"

选择"纳税人税务补充信息表",如图 8.12 所示。

图 8.12　选择"纳税人税务补充信息表"

在新企业税务补充信息流程中,选择"新建",如图 8.13 所示。

图 8.13　在新企业税务补充信息流程中选择"新建"

企业的同学开始填写纳税人税务补充信息表,如图 8.14 所示。

纳税人税务补充信息表

统一社会信用代码	380360793600648261		纳税人名称	成都市蜂蜜科技有限责任公司		
核算方式	请选择对应项目打"√" ◉独立核算 ○非独立核算		从业人数	5　其中外籍人数 0		
适用会计制度	请选择对应项目打"√" ○小企业会计准则 ○行政事业单位会计制度 ◉企业会计准则 企业会计制度					
生产经营地	四川 省（市、自治区）成都　市（地区、盟、自治州）温江　县（自治县、旗、自治旗、市） 区　乡（民族乡、镇）街 巷　泰员路　村（路、社区）88　号					
办税人员	身份证件种类	身份证件号码	固定电话	移动电话	电子邮箱	
张三	居民身份证	510105××××××0303	028-8788××××	156××××7766	zs@qq.com	
财务负责人	身份证件种类	身份证件号码	固定电话	移动电话	电子邮箱	
张三	居民身份证	510105××××××0303	028-8788××××	156××××7766	zs@qq.com	

图 8.14　填写"纳税人税务补充信息表"

统一社会信用代码：应与营业执照上"统一社会信用代码"保持一致，如 380360793600648261。

纳税人名称：企业全称，如成都市蜂蜜科技有限责任公司。

核算方式：可以选择独立核算。这里我们解释一下独立核算与非独立核算的区别：①独立核算，是指对本单位的业务经营活动过程及其成果进行全面、系统的会计核算。独立核算单位的特点是，在管理上有独立的组织形式，具有一定数量的资金，在当地银行开户；独立进行经营活动，能同其他单位订立经济合同；独立计算盈亏，单独设置会计机构并配备会计人员，并有完整的会计工作组织体系。②非独立核算又称报账制，是把本单位的业务经营活动有关的日常业务资料，逐日或定期报送上级单位，由上级单位进行核算。非独立核算单位的特点是，一般由上级拨给一定数额的周转金，从事业务活动，一切收入全面上缴，所有支出向上级报销，本身不单独计算盈亏，只记录和计算几个主要指标，进行简易核算。

从业人数：与各企业团队成员人数一致。

适用的会计制度：可以选择企业会计准则或企业会计制度。这里我们解释一下小企业会计准则、行政事业单位会计制度、企业会计准则、企业会计制度的区别。①小企业是相对于大企业而言的概念，小企业一般指规模较小或处于创业和成长阶段的企业。小企业具有一些共同的特点：一是规模小，投资少，投资与见效的周期相对较短，同样投资使用劳动力更多；二是对市场反应灵敏，具有以新取胜的内在动力和保持市场活力的能力；三是小企业环境适应能力强，对资源获取的要求不高，能广泛地分布于各种环境条件中；四是在获取资本、信息、技术等服务方面处于劣势，管理水平较低。在综合平台中仿真的手机制造企业，无论从规模还是特点上看，都不属于小企业。为了促进小企业发展以及财税政策日益丰富完善，逐步形成了以减费减免、资金支持、公共服务等为主要内容的促进中小企业发展的财税政策体系。2011 年 10 月 18 日，财政部发布《小企业会计准则》，要求相关小企业自 2013 年 1 月 1 日起执行，鼓励提前执行，2004 年发布的《小企业会计制度》同时废止。②《行政事业单位会计制度》，适用于中国境内的国有事业单位，在综合平台中仿真的各类企业，都假设不属于国有事业单位。③《企业会计准则》适用于国有企业、集体企业、私营企业、外商投资企业、股份企业、合资联营企业；从行业看，适用于工业、交通、铁路、邮电、民航、商品流通、旅游饮食服务、农业、施工、房地产开发、金融、保险、对外经济合作等企业。会计准则的规范形式、语言表述比较符合国际通用形式，并已构成国际通用会计惯例的一个组成部分。④《企业会计制度》的适用范围是：除不对外筹集资金、经营规模较小的企业，以及金融保险企业以外，在中华人民共和国境内设立的企业都可执行。会计制度的科目、报表式的规范形式则符合我国广大会计人员长期形成的思维方式和习惯，具有明显的中国特色。

生产经营地址：应与工商登记机关登记的"登记基本信息表"里的内容一致。

办税人员和财务负责人：应与"增值税一般纳税人资格登记表"中的信息一致，需要注意的是法人、财务负责人、办税人员三者不得为同一人，可两者相同。

税务代理人信息：可以填写会计师事务所的相关信息，并与会计师事务所签订税务代理合同，并对代扣代缴、代收代缴税种和业务内容进行协商，根据合同内容填写代扣代缴、代收代缴税款业务情况的信息，如图 8.15 所示。

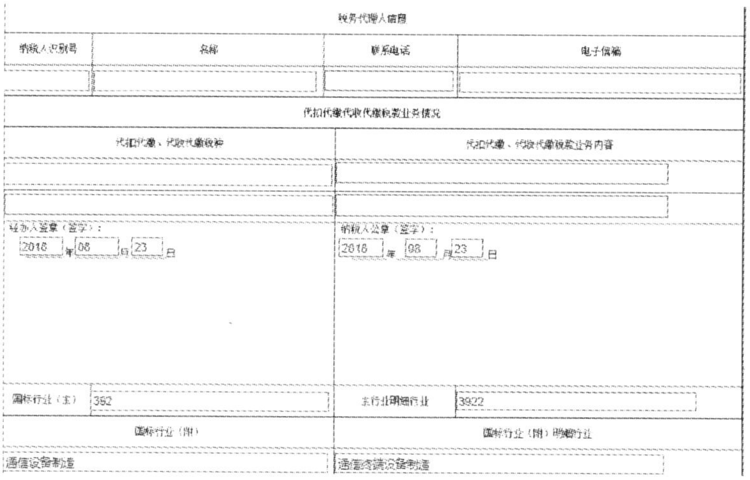

图 8.15　填写"税务代理人信息"

经办人签章为可以是办税人员，纳税人公章是企业全称加盖公章。

国标行业、主行业明细行业，国标行业（附）、国标行业（附）明细行业，可以根据国民经济行业分类与代码（GB/T 4754-2017），国民经济行业分类进行填写。如 392 代表通信设备制造，3922 代表通信终端设备制造。同学们可以查阅国民经济行业分类与代码（GB/T 4754-2017），找到适合自己企业的国标行业、主行业明细行业，国标行业（附）、国标行业（附）明细行业，并填写在表格中。

企业的同学们如实填写完增值税一般纳税人资格登记表之后，单击提交，等待税务局审批。

税务局的同学们点击"我的任务"，选择领取任务，如图 8.16 所示。

图 8.16　税务局的同学点击"我的任务"

领取企业提交的纳税人税务补充信息表，选择领取并处理，如图 8.17 所示。

图 8.17　领取并处理"纳税人税务补充信息表"

税务局审核"税务补充申请表"，如图 8.18 所示。

纳税人所处街乡	四川省成都市温江区	隶属关系		国地管户类型	国地共管户　　　　　X
国税主管税务局	四川省成都市温江区国家税务局	国税主管税务所 （科、分局）			
地税主管税务局		地税主管税务所 （科、分局）			
经办人	白云	信息采集日期	2018.08.23		

填表说明：

1. 本表由已办理"一照一码"纳税人在首次办理涉税事项时，或者纳税人本表相关内容发生变更时使用，由税务机关根据纳税人提供资料填写，并打印交纳税人确认。当纳税人本表相关内容发生变化时，仅填报变化栏目即可。
2. "生产经营地""财务负责人"栏仅在纳税人信息发生变化时填写。
3. "统一社会信用代码"栏填写纳税人办理"一照一码"证照时工商机关赋予的社会信用代码。
4. "纳税人名称"栏填写机关办理"一照一码"证照时的名称。
5. "核算方式"栏选择纳税人会计核算方式，分为独立核算、非独立核算。
6. "适用会计制度"栏选择纳税人适用的会计制度，在企业会计制度、企业会计准则、小企业会计准则、行政事业单位会计制度中选择其一。
7. "国标行业（主）""主行业明细行业""国标行业（附）""国标行业（附）明细行业"栏根据国民经济行业分类标准(GB/T 4754-2011)进行填写。
8. 本表一式一份，税务机关留存；纳税人如需留存，通自行复印。

○驳回 ◉通过

提交

图 8.18　税务局审核"税务补充申请表"

税务局的同学们首先查阅企业提交的纳税人税务补充信息表的信息填写是否规

范正确。如有不妥之处及时指正并驳回，企业修改后重新提交审批。如果企业信息填写正确，税务局的同学们根据企业营业执照的地址信息，填写纳税人所处街乡的地址，如图 8.18 所示。

隶属关系没有则不填。

国地管户类型可以填写国地共管户。2016 年 5 月 1 日，我国全面实施了营业税改增值税，企业向国税局申报缴纳增值税、企业所得税，对于综合实验平台仿真的增值税和所得税纳税申报工作，目前均向国家税务局申报，因此国地管户类型一栏填写国地共管户。

国税主管税务局可以根据企业营业执照信息填写相关税务局名称。2018 年 3 月 13 日，国务院机构改革方案说明第二点第十一条明确指出，"改革国税地税征管体制"。将省级和省级以下国税地税机构合并，具体承担所辖区域内的各项税收、非税收入征管等职责。国税地税机构合并后，实行以国家税务总局为主与省（区、市）人民政府双重领导管理体制。2018 年 6 月 15 日，全国各省（自治区、直辖市）级以及计划单列市国税局、地税局合并且统一挂牌。2018 年 7 月 5 日完成市级合并，2018 年 7 月 20 日完成了县乡合并。税务局的同学们需要根据企业营业执照的注册地址，查阅相应的国税主管税务局名称，完成填写。

经办人填写税务局相关经办人员的姓名，填写信息采集日期。全部填写正确后，选择通过并提交。

企业向税务局申请税务登记工作圆满结束。

此时需要企业和税务局进行互评考核，如图 8.19 所示。

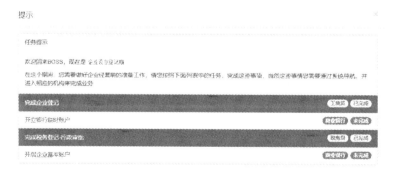

图 8.19　企业和税务局互评考核

企业和税务局在各自领取任务的界面，选择"任务评分"，满分为 10 分，打分之后选择提交即可，如图 8.20 所示。

图 8.20　选择"任务评分"

第九讲
企业如何开立银行
临时账户和基本账户

学习目标

● 如何完成开立银行临时账户；
● 如何完成开启企业基本账户；
● 企业基本账户、一般账户、专用账户、临时账户的区别；
● 机构信用代码证与开户许可证的含义。

完成银行开户是企业设立登记的第三步，企业在筹备期间，会有临时经营活动发生的资金流转，为此企业可以先在银行申请开立临时账户。"基本账户"是人民银行开户许可证上的指定账户。基本账户是办理转账结算和现金收付的主办账户，企业开业后经营活动的日常资金收付以及工资、奖金和现金的支取均可通过基本账户办理。结合综合实验平台，我们首先向银行申请开立临时账户。

企业的同学们，前两讲我们已完成了市场监督管理局（原工商局）和税务局的相关登记，在任务提示中显示已完成并标蓝。本讲请大家单击任务提示的第二行"开立银行临时账户"，我们会进入到银行的营业大厅，如图9.1所示。

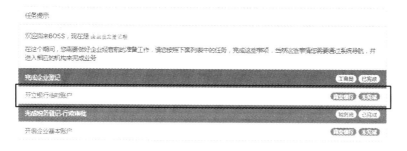

图9.1 单击"开立银行临时账户"

企业选择"开户业务"，如图9.2所示。

经/管/类/跨/专/业/综/合/仿/真/实/验

图 9.2　企业选择"开户业务"

在菜单中选择"临时账户开户申请",如图 9.3 所示。

图 9.3　选择"临时账户开户申请"

在设立银行临时账号的界面,选择新建,如图 9.4 所示。

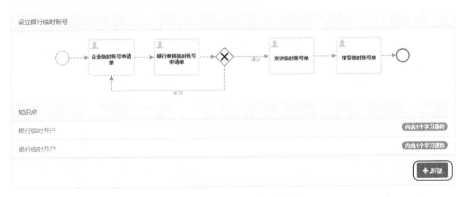

图 9.4　设立银行临时账号

企业填写临时开户申请单：开户理由填写申请临时开户；公司名称为营业执照中登记的企业全称，填写申请日期之后，选择提交，等待银行审批，如图9.5所示。

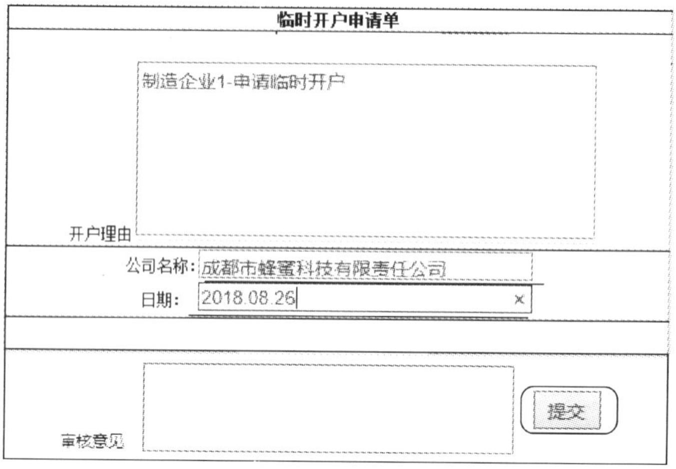

临时开户申请单

制造企业1-申请临时开户

开户理由

公司名称：成都市蜂蜜科技有限责任公司

日期：2018.08.26　　　　　　　　　　　×

审核意见　　　　　　　　　　　　　　　　　　　提交

图9.5 企业填写临时开户申请单

银行的同学们，通过使用自己的用户名和密码登录综合实验平台，选择"我的任务"，如图9.6所示。

图9.6 选择"我的任务"

选择领取任务，如图9.7所示。

图9.7 选择"领取任务"

银行的同学领取企业提交的临时开户申请，选择"领取并处理"，如图9.8所示。

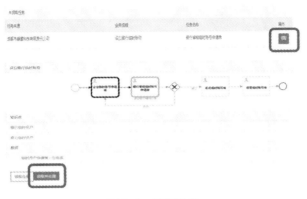

图9.8　银行提交

银行的同学对填写规范无误的企业，选择通过，填写审核意见"同意临时及开户"，单击提交；对填写不规范、有错误的企业，选择驳回，提交。被驳回的企业需要修改后重新提交，重新通过银行的审核，直到通过，如图9.9所示。

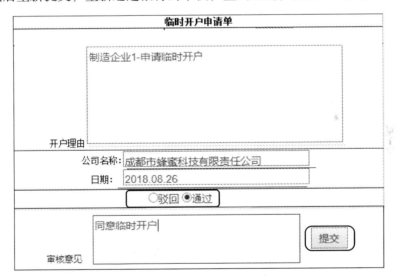

图9.9　银行审核临时开户申请表

对审核通过的企业，银行的同学继续选择"领取任务"，如图9.10所示。

图9.10　继续选择"领取任务"

选择"领取并处理"，为企业发送临时账号单，如图9.11所示。

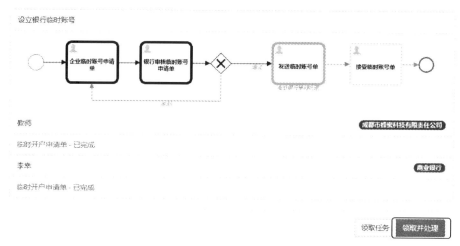

图 9.11 为企业发送临时账号单

银行审核临时账户的企业名称、账号信息准确无误后，输入银行的全称，如成都市花乡商业银行，单击"提交"，如图 9.12 所示。

临时账户

兹有企业设立, 允许 成都市蜂蜜科技有限责任公司 开立临

时账户，账号为：55c760416c554322915acc5d9e6fa201 。

成都市花乡商业 ✕ 银行

提交

图 9.12 银行审核临时账户信息

企业的同学在任务提示中继续选择"开立银行临时账户"，如图 9.13 所示。

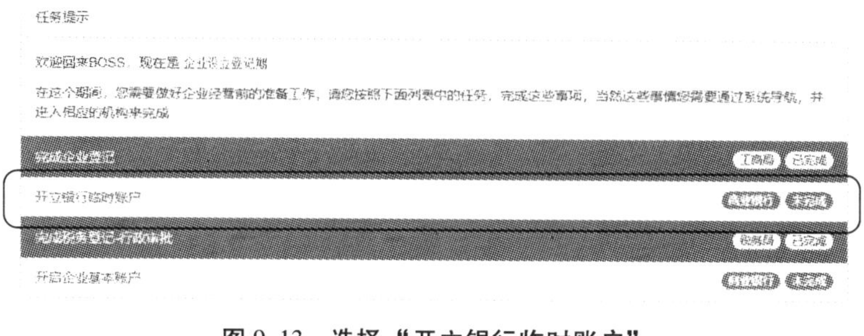

图 9.13 选择"开立银行临时账户"

企业在我的任务中领取任务，单击"领取"，如图 9.14 所示。

图 9.14　企业领取任务

企业选择领取"接受临时账号单"，选择"领取并处理"，如图 9.15 所示。

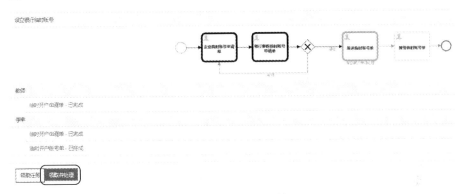

图 9.15　企业选择领取并处理

企业核实临时账户中的信息，如企业名称、账号、银行名称，确认准确无误后，单击提交，表示确认接收临时账号单，如图 9.16 所示。

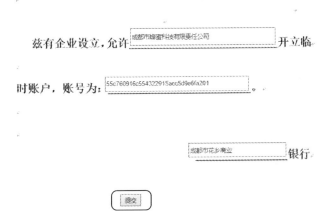

临时账户

兹有企业设立，允许 [成都市蜂客科技有限责任公司] 开立临

时账户，账号为：[55c760916c554322915aec5d9e6fa201]

[成都市花乡商业] 银行

提交

图 9.16　企业核实临时账户信息

此时企业回到任务提示界面，显示商业银行开立银行临时账户已完成。

下面企业选择任务提示的最后一行"开启企业基本账户"。

什么是企业基本账户？企业基本存款账户、一般存款账户、专用存款账户、临时存款账户之间有什么区别呢？企业如何选择基本账户的开户银行呢？下面我们对这些问题做一个简要了解。

企业基本存款账户是企业办理转账结算和现金收付的主办账户，经营活动的日

83

常资金收付以及工资、奖金和现金的支取，均可通过基本账户办理。按人民币银行结算账户管理办法规定，一家单位只能选择一家银行申请开立一个基本存款账户。

企业法人开立基本存款账户，应出具企业法人营业执照正本。

根据人民币银行结算账户管理办法的规定：存款人以单位名称开立的银行结算账户为单位银行结算账户。单位银行结算账户按用途分为基本存款账户、一般存款账户、专用存款账户、临时存款账户。

（1）基本存款账户是存款人因办理日常转账结算和现金收付需要开立的银行结算账户。

（2）一般存款账户是存款人因借款或其他结算需要，在基本存款账户开户银行以外的银行营业机构开立的银行结算账户。

（3）专用存款账户是存款人按照法律、行政法规和规章，对其特定用途资金进行专项管理和使用而开立的银行结算账户

（4）临时存款账户是存款人因临时需要并在规定期限内使用而开立的银行结算账户。

关于选择基本账户的开户银行，《中华人民共和国商业银行法》第48条规定："企业事业单位可以自主选择一家商业银行的营业场所，开立一个办理日常转账结算和现金收付的基本账户，不得开立两个以上基本账户。"建立企事业单位的基本存款账户，是建立新型银企关系的前提，做好支付清算工作的基础，加强信贷、结算监督和现金管理的重要措施。

企事业单位可根据《银行账户管理办法》的规定，按照以下原则自主选择一家商业银行的一个营业机构开立一个基本存款账户：

（1）有较固定的存贷款或长期的银企合作关系；

（2）取得借款量较大的银行；

（3）银企性质接近，有利于对口服务；

（4）银企距离较近，方便办理业务。

对企事业单位选择银行开立基本存款账户，任何单位和个人不得干预。

了解了企业基本账户的背景知识，我们在软件平台中开始向商业银行申请开启企业基本账户。企业选择任务提示的最后一行"开启企业基本账户"，如图9.17所示。在银行营业大厅中，选择"开户业务"，如图9.18所示。

图 9.17　企业申请开启企业基本账户

图 9.18　选择"开户业务"

在左边菜单中选择"企业基本开户业务"，如图 9.19 所示。

图 9.19　选择"企业基本开户业务"

在开银行基本账号的流程导航中，单击"新建"，如图 9.20 所示。

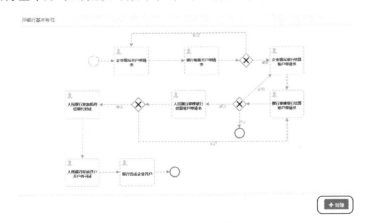

图 9.20　单击"新建"

●企业首先需要填写"机构信用代码申请表"，如图 9.21 所示。

●申请机构名称：企业全称。

●注册登记地址：与在工商局登记备案的地址一致。

●登记部门：与企业营业执照中登记部门全称一致。

●组织机构类别：通常可以选企业、机关、事业单位、社会团体、其他组织机构等。

●登记注册号类型：企业性质，应与在工商局登记备案的企业类型一致。

●登记注册号码：与企业营业执照中的统一社会信用代码一致。

●纳税人识别号（国税）和纳税人识别号（地税）：均与企业营业执照中的统一社会信用代码一致。

●经济类型：企业经济类型共分为九个类别，分别是国有经济、集体经济、私营经济、个体经济、联营经济、股份制、外商投资、港澳台投资与其他经济类。企业的同学们可以根据具体情况选择填写。

●成立日期：与企业营业执照中的登记日期一致。

●注册资本币种：人民币。

●注册资本（万元）：与企业营业执照中的注册资本金额一致。

●办公（生产）地址：与企业营业执照中的经营地址一致。

●联系电话：可以是企业对外形象宣传的座机号码。

机构信用代码申请表

申请机构名称	成都市蜂蜜科技有限责任公司				
注册（登记）地址	四川省成都市温江区来凤路88号				
登记部门	成都市温江区工商局	组织机构类别	企业		
登记注册号类型	有限责任公司	登记注册号码	380360793600648261		
纳税人识别号（国税）	380360793600648261	纳税人识别号（地税）	380360793600648261		
开户许可证核准号		组织机构代码	380360793600648261		
经济类型	私营经济	成立日期	2018.08.18		
注册资本币种	人民币	注册资本（万元）	1000		
办公（生产）地址	四川省成都市温江区来凤路88号	联系电话	028-87086688		
法定代表人（负责人）信息					
姓名	李四	证件类型	身份证	证件号码	5101051998090806

图 9.21　企业填写“机构信用代码申请表”

法定代表人（负责人）信息：与企业在工商局登记的法定代表人信息一致，如图 9.22 所示。

法定代表人（负责人）信息					
姓名	李四	证件类型	身份证	证件号码	0105199809080646
上级机构(主管单位)信息					
名称					
登记注册号类型		登记注册号码			
机构信用代码		组织机构代码			

本机构自愿申请机构信用代码，授权经办人提出申请并承诺所提供的信息真实、有效。

受理申请商业银行名称：

经办人（签字）：张三　　　　　　　经办人（签字）：

联系电话：15688997766　　　　　　联系电话：

2018 年 08 月 28 日　　　　　　 年 月 日

提交

图 9.22　填写"法定代表人（负责人）信息"

经办人（签字）：企业经办同学的姓名，并填写电话和日期。

以上内容填写正确之后。单击提交，等待银行审批。

银行的同学在自己的工作界面中，选择"我的任务"，领取任务，领取企业开银行账号的申请，选择"领取并处理"，如图9.23所示。

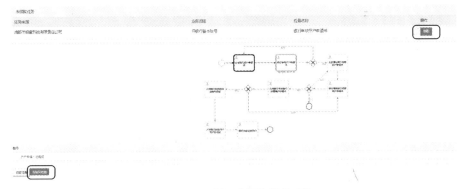

图 9.23　选择"领取并处理"

银行审核企业填写的机构代码申请表，确认信息无误后，在表格右下方输入商业银行的全称、经办人姓名、电话和日期。选择"通过"，单击"提交"，如果企业填写信息有误，则选择驳回，单击提交，企业修改后重新提交银行审核，直至通过，如图9.24所示。

机构信用代码申请表

申请机构名称	成都市鹏鑫科技有限责任公司		
注册（登记）地址	四川省成都市温江区来凤路88号		
登记部门	成都市温江区工商局	组织机构类别	企业
登记注册号类型	有限责任公司	登记注册号码	380360793600648261
纳税人识别号（国税）	380360793600648261	纳税人识别号（地税）	380360793600648261
开户许可证核准号		组织机构代码	380360793600648261
经济类型	非公有制经济	成立日期	2018.08.18
注册资本币种	人民币	注册资本（万元）	1000
办公（生产）地址	四川省成都市温江区来凤路88号	联系电话	028-87086688

法定代表人（负责人）信息

姓名	李四	证件类型	身份证	证件号码	5101051998090806

上级机构（主管单位）信息

名称			
登记注册号类型		登记注册号码	
机构信用代码		组织机构代码	

本机构自愿申请机构信用代码，授权经办人提出申请并承诺所提供的信息真实、有效。 经办人（签字）：张三 联系电话：15688997766 2018 年 08 月 28 日	受理申请商业银行名称： 成都市花乡商业银行 经办人（签字）： 联系电话： 2018 年 08 月 28 日

○被回 ●通过

提交

图 9.24　银行审核企业填写的机构代码申请表

企业在任务提示中再次选择开启企业基本账户，如图 9.25 所示。

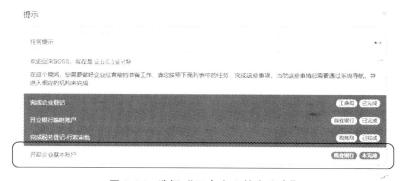

图 9.25　选择"开户企业基本账户"

选择我的任务，单击"领取"，领取企业填写银行结算账户申请书的任务，单击"领取并处理",如图9.26所示。

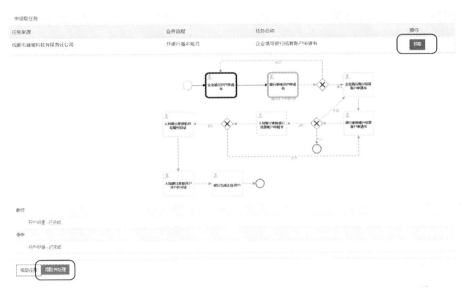

图 9.26　领取并处理银行结算账户申请书

企业开始填写开立银行结算账户申请书。

●存款人:企业全称。

●电话:可以是企业对外形象宣传的座机号码。

●地址:与企业营业执照的经营地址一致。

●邮编:与地址契合。

●存款人类别:可以选择企业法人、机关、事业单位、社会团体、军队、武警部队、民办非企业组织、非法人企业、外国驻华机构、个体工商户、单位设立的独立核算的附属机构。

这里需要补充说明的是:申请开立基本存款账户的存款人的身份资格有明确的规定。根据规定,具备开立基本存款账户资格的存款人大部分是具有民事权利能力和民事行为能力、并依法独立享有民事权利和承担民事义务的法人和其他组织,包括企业法人、机关、事业单位、社会团体、军队、武警部队、民办非企业组织(如不以营利为目的的民办学校、福利院、医院)等。开立单位银行结算账户申请书的填写,如图9.27所示。

●社会信用代码:与企业营业执照的统一社会信用代码一致。

●法定代表人:姓名与证件种类信息,与企业在工商局登记的法定代表人信息一致。

●行业分类:该行业标准由银行在营业场所公告,如 A 代表农、林、牧、渔业;B 代表采矿业;C 代表制造业等。同学们可以根据自己企业设立登记的营业范围选择相应的行业分类代码。

●注册资金:大写,与企业营业执照的注册资金金额一致。

●地区代码:同学们可以根据企业注册登记的地址,查询其对应的行政区划代码。

●证明文件种类：可以选择营业执照。

●证明文件编号：可以选择营业执照的统一社会信用代码。

●税务登记证编号：依然是营业执照的统一社会信用代码。

●账户性质：结算账户分为四类账户，如基本账户、一般账户、临时账户、专用账户，这里我们填写基本账户。

●资金性质：基本账户可以写"日常经营"，专用账户按用途写，如基本建设、更新改造、养老保险等。一般账户按结算需求写，如贷款保证金等。我们正在申请开立基本账户，所以可以填写日常经营之类的资金性质。

●有效日期至：与企业营业执照的有效日期一致。

开立单位银行结算账户申请书

存款人	成都市峰震科技有限责任公司		电话	028-87086688	
地址	四川省成都市温江区来凤路88号		邮编	611130	
存款人类别	企业法人	社会信用代码		380360793600648261	
○单位负责人 ●法定代表人	姓名	李四			
	证件种类	身份证510105199809080646			
行业分类	□D □E □F □G □A □B ☑C □L □M □N □O □H □I □J □K □T □Q □P □S □R				
注册资金	壹整仟万元	地区代码		510115	
经营范围	手机制造与生产				
证明文件种类	营业执照	证明文件编号		380360793600648261	
税务登记证编号 （国税或地税）	380360793600648261				
关联企业	关联企业信息填列在"关联企业登记表"上				
账户性质	基本账户				
资金性质	经营资金	有效日期至	2028	年□月1日	

图 9.27　开立单位银行结算账户申请书

左下方的存款人一栏填写企业全称和申请日期，企业正确填写完上述信息后，单击提交，等待银行审批，如图 9.28 所示。

本存款人申请开立单位银行结算账户，并承诺所提供的开户资料真实、有效。	开户银行审核意见：	人民银行审核意见：
	经办人（签章）	经办人（签章）
存款人（公章）成都市	存款人（签章）成都市二	人民银行（签章）
2018 年□□月□□日	□年□月□日	□年□月□日

填列说明：
1、申请开立临时存款账户，必须填列有效日期；申请开立专用存款账户，必须填写资金性质。
2、该行业标准由银行在营业场所公告，"行业分类"中各字母代表的行业种类如下：A：农、林、牧、渔业；B：采矿业；C：制造业；D：电力、燃气及水的生产供应业；E：建筑业；F：交通运输、仓储和邮政业；G：信息传输、计算机服务及软件业；H：批发和零售业；I：住宿和餐饮业；J：金融业；K：房地产业；L：租赁和商务服务业；M：科学研究、技术服务和地质勘查业；N：水利、环境和公共设施管理；O：居民服务和其他服务业；P：教育业；Q：卫生、社会保障和社会福利业；R：文化、教育和娱乐业；S：公共管理和社会组织；T：其他行业。

打印

提交

图 9.28　提交开立单位银行结算账户申请书

银行在我的任务中，领取"开立单位银行结算账户申请书"并处理。

银行审核企业填写的"开立单位银行结算账户申请书"信息确认无误后，在表格下方中间输入商业银行的全称、经办人姓名和日期。选择通过，单击提交。如果企业填写信息有误，则选择驳回，单击提交。企业修改后重新提交银行审核，直至通过，如图9.29所示。

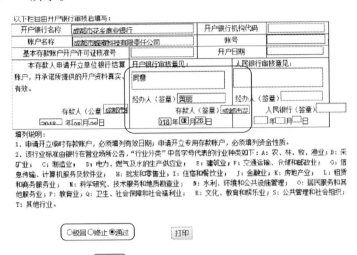

图 9.29 银行审核"开立单位银行结算账户申请书"

银行提交通过的"开立单位银行结算账户申请书"后，继续领取任务，由人民银行领取并处理商业银行提交的"开立单位银行结算账户申请书"，如图9.30所示。

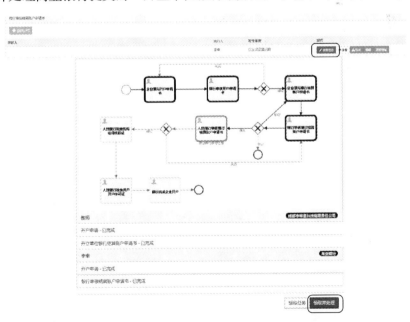

图 9.30 人民银行领取并处理"开立单位银行结算账户申请书"

人民银行审核商业银行提交的"开立单位银行结算账户申请书"，确认信息无误后，在表格右下方输入当地人民银行的全称、经办人姓名和日期，选择"通过"，单击"提交"。如果填写信息有误，则选择"驳回"，单击"提交"。企业修改后重新提交人民银行审核，直至通过，如图9.31所示。

注册资金	壹整仟万元	地区代码	510115	
经营范围	手机制造与生产			
证明文件种类	营业执照	证明文件编号	380360793600648261	
税务登记证编号（国税或地税）	380360793600648261			
关联企业	关联企业信息填列在"关联企业登记表"上			
账户性质	专用账户			
资金性质	经营资金	有效日期至	2028	年□月□日

以下栏目由开户银行审核后填写：

开户银行名称	成都市花乡商业银行	开户银行机构代码	
账户名称	成都市智谱科技有限责任公司	账号	
基本存款账户开户许可证核准号		开户日期	

本存款人申请开立单位银行结算账户，并承诺所提供的开户资料真实、有效。	开户银行审核意见： 同意	人民银行审核意见： 同意
	经办人（签章）黄丽	经办人（签章）马亮
存款人（公章）成都市□ 2018年□2月□8日	存款人（签章）成都花□ 20□年□2月28日	人民银行（签章）温江支行 018年□2月29日

填列说明：
1、申请开立临时存款账户，必须填列有效日期；申请开立专用存款账户，必须填列资金性质。
2、该行业标准由银行在营业场所公告，"行业分类"中各字母代表的行业种类如下：A：农、林、牧、渔业；B：采矿业；C：制造业；D：电力、燃气及水的生产供应业；E：建筑业；F：交通运输、仓储和邮政业；G：信息传输、计算机服务及软件业；H：批发和零售业；I：住宿和餐饮业；J：金融业；K：房地产业；L：租赁和商务服务业；M：科学研究、技术服务和地质勘查业；N：水利、环境和公共设施管理；O：居民服务和其他服务业；P：教育业；Q：卫生、社会保障和社会福利业；R：文化、教育和娱乐业；S：公共管理和社会组织；T：其他行业。

○驳回 ●通过   打印

提交

图9.31 人民银行审核"开立单位银行结算账户申请书"

人民银行提交通过的"开立单位银行结算账户申请书"后，继续领取任务，由人民银行领取并处理"为企业颁发机构信用代码证"的任务，如图9.32所示。

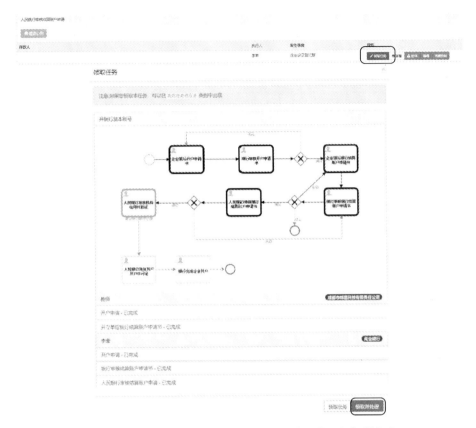

图 9.32　领取并处理"为企业颁发机构信用代码证"的任务

机构信用代码是从信用的角度编制的用于识别机构身份的代码标识，共18位，它覆盖机关、事业单位、企业、社会团体及其他组织等各类机构，是各类机构的"经济身份证"，如图9.33所示。

图 9.33　机构信用代码证

为加强金融基础设施建设，不断提高金融服务水平，促进银行和机构的交流合作，助推经济和社会发展，中国人民银行总行建立了机构信用代码系统，由人民银行征信中心制发机构信用代码证。机构信用代码共18位，包含5个数据段，从左至右依次是1位准入登记管理机构类别、2位组织机构类别、6位行政区划代码、8位顺序号、1位校验码。

机构信用代码证将作为金融机构识别机构身份、查询机构信用记录等的依据。各持证机构应妥善保管，如不慎遗失，应及时到注册地人民银行征信柜台补办，以防影响与金融机构的合作。

人民银行根据企业营业执照信息，填写完机构信用代码证的相关信息之后，单击"提交"。

人民银行继续领取任务，领取并处理"为企业颁发开户许可证"。开户许可证是由中国人民银行核发的一种开设基本账户的凭证。凡在中华人民共和国境内金融机构开立基本存款账户的单位可凭此证办理其他金融往来业务，如图9.34所示。

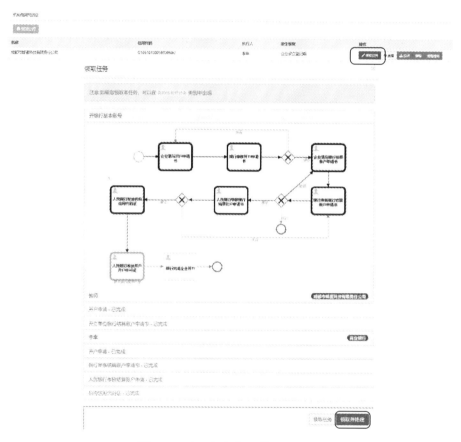

图9.34 人民银行领取并处理业务

人民银行在核准号和编号处都单击"生成流水号"，确认企业名称、法人信息、开户行信息无误后，署名和时间，单击提交，如图9.35所示。

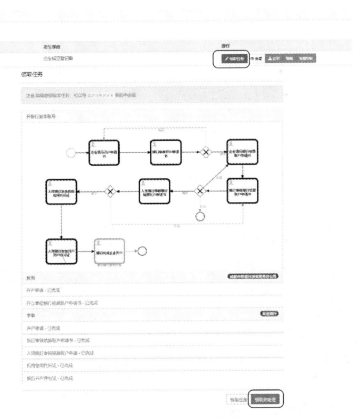

开户许可证

核准号：[346360584681384290] [生成流水号]　　　　　　编号：[596390612853403704] [生成流水号]

经审核，[成都市睿睿科技有限责任公司] 符合开户条件，准予

开立基本存款账户。

法定代表人（单位负责人）[李四]　　　　开户银行 [成都市花乡商业银行] [×]

账　号 [955350811118763764]

发证机关（盖章）
　　年　月　日

[提交]

图 9.35　人民银行制作"开户许可证"

　　商业银行领取任务，领取并处理为企业颁发开户许可证的任务，如图 9.36 所示。

图 9.36　商业银行领取并处理任务

商业银行核对开户许可证信息后，单击提交，如图 9.37 所示。

图 9.37　商业银行核对开户许可证信息

至此企业就完成了在银行开立基本账户的任务，如图 9.38 所示。

图 9.38　企业完成开立基本账户任务

此时需要企业和银行进行互评考核。企业和银行在各自领取任务的界面，选择"任务评分"，满分为 10 分，打分之后选择"提交"即可，如图 9.39 所示。

图 9.39　企业和银行互评考核

经管类跨专业综合仿真实验

第十讲
手机制造企业 CEO 管理实务（上）

学习目标

● 综合实验平台的系统假设；

● 综合实验平台的数据模型；

● 了解厂区规则；

● 了解固定资产规则。

每一位手机制造企业的 CEO，目前都已经带领着自己的团队小伙伴，圆满完成了企业设立登记期的系列任务。接下来我们将进入企业经营期，开始 4~5 年的企业运营与管理历程。好的开始是成功的一半，企业开业运营的成功，取决于 CEO 以及全员对市场运营规则的正确理解与积极应用。

一、系统假设

《经管类跨专业综合仿真实验》的业务流、数据流与资金流的相互贯通，是基于一定的系统假设、数据模型以及一系列经营规则来实现的。其系统假设包括：

（一）生产主体假设

为使实验具有直观性、代表性和可操作性，本实验选择学生较为熟悉的手机制造业作为经营模拟的行业，同时假设该手机制造行业是一个从生产技术水平较低向研发、生产高技术产品发展的成长性行业。

系统假定由学生组成的若干家手机生产制造企业为生产经营主体，每家企业的注册资本金为 1 000 万元人民币，模拟 L、S、O 及 H 型四种不同类型的手机产品的生产及经营管理过程。在一定的经营规则下，每家企业可以自由生产、自主决策、公平竞争。

（二）经营分期假设

该系统假定企业在存续期，连续生产、分期经营、逐期核算。一个经营周期是指企业从战略决策开始，到产品生产、销售、交付的全过程。经营分期假设是指将企业生产经营活动期间划分为若干连续的、长短相同的期间。每个企业从经营准备期开始，依靠企业经营管理决策层在调查研究的基础上，在基础设施建设、产品研发、市场开拓、产品销售、人力资源管理、信息化等方面做出科学决策，使企业逐

97

步成长、发展壮大。

（三）模拟市场假设

本系统模拟具有一定竞争性的"买"方市场，即各期产品市场总需求略小于市场总供给。其中，"买"方由系统模拟，"卖"方由若干家手机生产制造企业组成。

此外，将全部市场划分为东北市场、南部沿海市场、黄河中游市场、大西北市场、北部沿海市场、长江中游市场六个国内分市场和亚洲市场一个国际分市场。

（四）产品需求生命周期假设

产品需求生命周期一般分为五个阶段分为：首先是出现期，然后是加速成长期、缓慢增长期、成熟期和衰退期。本系统模拟 L、S、O 及 H 型四种不同类型的手机产品的生产及经营管理过程，各产品需求生命周期曲线如图 10.1 所示。

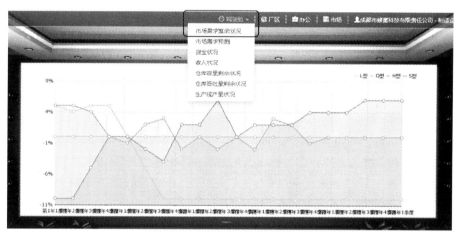

图 10.1　各产品需求生命周期

企业初创期都平等地拥有 L 型产品技术，但是 L 型改进、H 型、O 型、S 型及其改进产品，需要企业研发成功才可以投入生产与销售。企业需要根据各产品需求生命周期曲线走势做相关的研发规划与决策。

（五）外部服务环境假设

假定企业是在与外部服务部门交互中开展竞争的，因而企业在经营过程中，除了要遵守企业经营规则外，还必须遵守外部服务部门如市场监督管理局（原工商局）、税务局、会计师事务所、银行等机构的各项约定。做到合法经营、灵活运用，在竞争中求生存、谋发展。

二、数据模型

本综合实验以企业竞争模拟为核心，其数据模型主要有：市场供需模型、产品定价模型和产品交付模型。

（一）市场供需模型

1. 市场供给总量——本期市场供给总量由上期市场生产总量决定

设有若干家手机生产企业，企业初始准备期为第 0 期，共经营 $n+1$ 期，$i=1$，2，3，4 分别代表 L、S、O 及 H 四种不同类型的产品；又设 $TS_{(i,j-1)}$ 为第 i 产品第 $j-$

1 期市场全部企业供给总量，$TP_{(ij)}$ 为第 i 产品第 j 期市场全部企业生产总量，则：

$$TS_{(i,j-1)} = F\left[TP_{ij}\right], \qquad (j=1,\ \cdots,\ n+1)$$

2. 市场需求总量及分市场需求量

市场需求预测如图 10.2 所示。

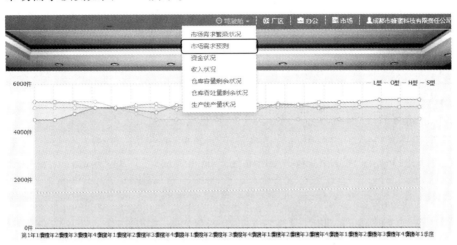

图 10.2　市场需求预测图

首先，在本期市场供给总量确定的基础上，系统模拟给出该四种产品在企业竞争不同时期的市场需求总量。各期市场需求总量模型如下：

$$TD_{ij} = k_{ij} \cdot TS_{i,j-1},\ (j=1,\ \cdots,\ n+1)$$

其中，TD_{ij} 为第 i 产品第 j 市场需求总量，k_{ij} 为第 i 产品第 j 期供需比例，该比例由系统根据 L、S、O 及 H 型四种产品的生命周期曲线模拟给出。

市场需求繁荣状况如图 10.3 所示。

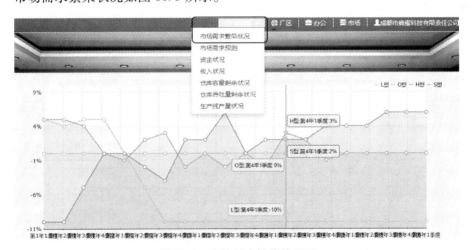

图 10.3　市场需求繁荣状况图

其次，各产品分市场需求量由分市场需求比例决定。设 DD_{ij} 第 i 产品第 j 期某分市场需求总量，m_{ij} 为第 i 产品第 j 期某分市场需求比例，则各产品分市场需求量模型如下：

$$DD_{ij} = m_{ij} \cdot TD_{(i,j)}, \quad (j=1, \cdots, n+1)$$

其中，m_{ij}即某分市场第j期市场需求比例，为第j期全部企业对某分市场投入总金额占全部市场投入总金额的比重。

3. 供需平衡

系统通过调整产品供需比例k_{ij}（取值为 0.95~1.05 之间），实现供需平衡。

（二）企业竞单模型

1. 订单数量模型

第i产品第j期某分市场需求总量DD_{ij}，即为该产品该期各分市场订单总数。订单数量模型如下：

$$DD_{ij} = m_{ij} \cdot TD_{(i,j)} = m_{ij} \cdot k_{ij} \cdot TS_{i,j-1}$$

即某产品某分市场的订单总数量由该产品本期市场供需比例k_{ij}、该产品本期分市场需求比例m_{ij}及上期所有企业该产品的产能总量决定。该期全部产品订单形成订单池，供企业竞单。

2. 产品定价模型

企业参与竞单的前一期，需对本企业生产的产品进行定价。产品定价取决于所生产产品的单位成本。产品定价模型如下：

本期产出产品的成本价 = ［（管理费用 + 销售费用 + 财务费用）/当期生产产品个数］+ 直接成本（原材料）。

3. 竞单得分模型

企业根据自身需求向订单池申请订单，所申请个数由企业自行决定。系统根据竞单得分模型计算企业竞争力，并按照企业竞争力大小排序，竞单得分越多，企业竞争力越强。竞单得分=价格分+市场影响力得分+质量分+优先完成企业得分。企业竞单模型如图 10.4 所示。

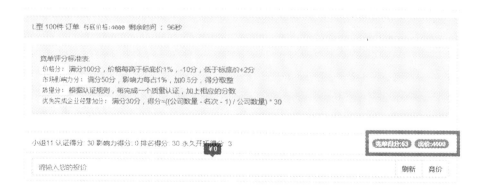

图 10.4　企业竞单模型图

标底价格：4 000 元。

价格分：卖出的价格高于标底 1%，则扣 10 分，例如（出价 4 040 元，则扣除 10 分）；卖出的价格低于标底 1%，则加 2 分，例如（出价 3 960 元，则加 2 分）。满分 100 分；若出价为 4 010 元高出标底价 0.25%，此时四舍五入不扣分。

市场影响力：影响力（影响力＝本企业市场有效投资总额／该市场所有有效投资总额，其取值范围为［0%-100%］）占 1%，加 0.5 分，例如：占 50%，得分为 25 分。

质量分：产品认证分。每完成一个质量认证，加相应的分值。

优先完成企业经营加分：在没有结束本期时，每个小组可以自行结束本期。得分＝（结束公司数量-名次+1）／结束公司数量×30

永久开拓得分：永久开拓的市场都加 3 分

（三）产品交付模型

企业根据产品竞单价及竞单数量向系统进行产品交付，系统在下一期收回货款并进行成本利润核算。

产品交付时需支付运输费用，由物流公司和核心企业沟通定价。

三、厂区规则

系统为同学们提供了六种不同的厂区区域，即京津唐经济特区、环渤海经济特区、长三角经济特区、珠三角经济特区、东北老工业基地、西部大开发基地，每个区域内都有不同类型的大、小型厂区可供选择。

系统中的厂区相当于土地，企业购置厂区后，在厂区内可以依需要分别建设产成品库、原材料库、厂房。在厂区决策中，企业竞争者需共同遵守如下规则：

（1）系统默认每个企业在整个经营过程中，只能购买一个厂区。

（2）购买厂区后，所有类型厂区系统默认一定大小面积，可以根据需要建设产成品库、原材料库、厂房。

（3）当企业在经营过程中要求增加各类建筑物数量时，需对厂区进行扩建。厂区每期都有一定的扩建的面积，每次扩建面积＝厂区现有面积／（已扩展次数+1）^{2}，每次扩建金额＝每次扩建面积×土地的价钱。或用于建造产成品库，或用于建造原材料库或厂房。

（4）厂区购买必须一次性付款。

（5）不同厂区的土地价格不同，不同类型的厂区面积大小不同。

（6）厂区购买后，不需要支付开拓费用即可拥有本地市场资格，并在系统中将该市场标记为"本地市场"，在竞单中具有永久市场的分值。

厂区决策相关参数见表 10.1。

表 10.1　　　　　　　　　厂区基本情况表

所在地区	代表城市	类型	土地价格（千元/平方米）	厂区面积（平方米）	每期最大可扩建面积（平方米）	每次最大扩建等级
京津唐地区	北京	小型	1 000	1 000	1 000	4
		大型	1 200	1 200	1 200	3

表10.1(续)

所在地区	代表城市	类型	土地价格 (千元/平方米)	厂区面积 (平方米)	每期最大 可扩建面积 (平方米)	每次最大 扩建等级
环渤海地区	大连	小型	850	1 000	1 000	4
		大型	1 020	1 200	1 200	3
长江三角洲地区	武汉	小型	800	1 000	1 000	4
		大型	960	1 200	1 200	3
珠江三角洲地区	深圳	小型	1 100	1 000	1 000	4
		大型	1 320	1 200	1 200	3
东北老工业基地	沈阳	小型	900	1 000	1 000	4
		大型	1 080	1 200	1 200	3
西部大开发基地	成都	小型	700	1 000	1 000	4
		大型	840	1 200	1 200	3

四、固定资产规则

本系统中的固定资产主要包括厂房、库房及生产线等。固定资产的形成可选择购买(自行建造)或者租赁。购买须一次性付款,支付后可立即投入使用,购买的固定资产每经营期须承担维护费用,维护费用在下一期支付;租赁的固定资产在租赁后即可投入使用,每经营期须承担租赁费,租赁费在下一期支付。

无论购买或租赁的厂房或库房都需支付原材料或产成品保管费用。对存放在库房中的原材料和产成品按照期末存放的数量收取保管费用。

1. 厂房购建规则

(1)购买厂区后,企业可以根据规划决策,选择购买(自行兴建)厂房,企业只有购买厂房后,才可以购买生产线;

(2)厂房有大、中、小三种规格,不同规格厂房的价格、面积大小及容量都不同。

其基本参数见表10.2。

表10.2　　　　　　　　　厂房基本信息表

厂房类型	容量 (条)	兴建价格 (元)	厂房面积 (平方米)	折旧期限 (季度)
小型厂房	1 条	250 000	200	40
中型厂房	2 条	400 000	400	40
大型厂房	3 条	600 000	500	40

2. 原材料仓库购建规则

（1）选择购买厂区后，企业可以根据规划决策，选择购买（自行兴建）或者租赁原材料库，用来存放开展生产所需的原辅材料；

（2）系统中，企业购买的原材料库每个季度都有吞吐量限制，企业入库、出库都会占用仓库的吞吐量，每季度使用的吞吐量不得超过限定值，下一季度自动恢复初始吞吐量。

（3）原材料库有大、中、小三种规格，不同规格的原材料库的价格、吞吐能力、面积大小及容量都不同，相关参数见表 10.3。

表 10.3　　　　　　　　　　　原材料库基本信息表

| 原材料库类型 | 容量（件） | 兴建 | | | | 租赁 | 吞吐量（件） |
		兴建价格（元）	维护费（元/季度）	折旧（季度）	面积（平方米）	租赁费（元/季度）	
小型原材料库	6 000	400 000	2 000	40	200	80 000	300 000
中型原材料库	8 000	600 000	2 000	40	400	150 000	400 000
大型原材料库	10 000	800 000	2 000	40	500	160 000	500 000
数字化仓储	8 000	1 000 000	2 000	40	800	600 000	800 000

3. 产成品库购建规则

（1）购买厂区后，企业可以根据规划决策，选择购买（自行兴建）或者租赁产成品库，用来存放各类产成品；

（2）系统中，企业购买的产成品库每个周期都有吞吐量限制。

（3）产成品库有大、中、小三种规格，不同规格原材料库的价格、吞吐能力、面积大小及容量都不同，详细信息见表 10.4。

表 10.4　　　　　　　　　　　产成品库基本信息表

| 产成品库类型 | 容量（件） | 兴建 | | | | 租赁 | 吞吐量（件） |
		兴建价格（元）	维护费（元/季度）	折旧（季度）	面积（平方米）	租赁费（元/季度）	
小型产成品库	1 000	300 000	2 000	40	200	80 000	40 000
中型产成品库	2 000	400 000	2 000	40	400	100 000	80 000
大型产成品库	3 000	600 000	2 000	40	500	150 000	120 000

4. 生产线购建规则

（1）企业可以根据生产决策购买生产线，用于组织开展生产。

（2）购买的生产线须安放在厂房中，厂房容量不足时，无法购买安装生产线。

（3）购买生产线一次性支付全部价款，价款支付完毕后开始安装，在安装周期完成的当季度可投入使用。

（4）生产线的产能初始都为0，每种生产线都有最大产能。企业必须通过招聘生产工人和生产管理人员，并且将人员调入生产线进行生产，使生产线的产能得到提高，产能最大只能提高到最大产能。人员使用表示每个人员在生产线提高的产能。

（5）每条生产线都具有技术水平，只能产于低于或者等于该生产线技术水平的工艺产品。生产线的产量＝（生产线水平－产品的工艺水平）×产能。每条生产线都可以升级技术水平，提升的水平＝当前技术水平/2/提升次数；提升费用＝生产线购买价格/2。

（6）生产线转产须在生产线建成完工，而且在空闲状态下才能进行。转产不须支付转产费，但有的生产线有转产周期，并且注意转产期间不能对这条生产线进行任何操作，因此在转产之前，如果需要调查人员，应先调出人员，然后再进行转产。

（7）系统中模拟四种类型的生产线，不同生产线的价格、技术水平、强度及产能各不相同，详细信息见表10.5。

表 10.5　　　　　　　　　　　生产线基本信息表

生产线类型	价格（元）	安装周期（季度）	转产周期（季度）	技术水平	最大产能	人员利用率	折旧期限（季度）	强度
劳动密集型生产线	500 000	0	0	2	500	0.5	40	3
半自动生产线	1 000 000	0	1	3	500	1	40	4
全自动生产线	1 500 000	1	1	4	450	10	40	4
柔性生产线	2 000 000	1	0	4	400	3	40	4

注：

生产产品消耗的产能＝生产数量／（生产线技术水平－产品工艺水平）

生产线磨损＝生产线消耗的产能／强度，当生产线磨损超出产能，生产线的产能缩减为一半；继续超出1倍，生产线将损坏。

维修费用＝生产线累计磨损^2×技术水平，维修时间＝安装时间，当维修完成后，生产线变成全新的

技术水平升级提升＝当前技术水平／2／技术提升次数，每次提升的费用＝基础购买价格／2

第十一讲
手机制造企业 CEO 管理实务（下）

学习目标

● 生产部的产品规则；

● 采购部原材料规则；

● 市场部的市场投资规则；

● 销售部的产品销售规则；

● 企管部的产品认证规则和人员管理规则。

本章将向各手机制造企业介绍生产部、采购部、市场部、企管部、销售部和财务部的业务规则，帮助 CEO 们更好地主持企业的经营管理工作，带领团队成员赢取更好的经营管理业绩。

一、生产部的产品规则

1. 产品研发

（1）制造企业初始都可以生产 L 型产品 A 型工艺清单，如果企业想生产新的产品，就需要投入资金和人力进行产品研发。（注：每次投入的研发资金不得少于最少投入资金。）

（2）本期投入资金，下一期系统会提示产品研发是否成功。如果研发成功率达到 100%，下一期肯定研发成功。研发成功的当季度可以投入生产。

各类产品研发的具体信息见表 11.1。

表 11.1　　　　　　　　　**产品研发基本信息表**

研发项目	基本研发能力要求	最少投放资金（元）	推荐资金（元）	代表 BOM	技术水平
L 型产品	0	0	0	L-A 工艺	10
L 型产品工艺改进	50	100 000	300 000	L-B 型工艺	10
H 型产品	100	300 000	1 000 000	H-A 工艺	15
H 型产品工艺改进	50	100 000	300 000	H-B 型工艺	10

表11.1(续)

研发项目	基本研发能力要求	最少投放资金（元）	推荐资金（元）	代表BOM	技术水平
O型产品	100	1 000 000	2 000 000	O-A工艺	20
S型产品	100	1 500 000	3 000 000	S-A工艺	25
高端工艺改进	30	300 000	600 000	O-B工艺	15
				S-B工艺	20

其中，基本研发能力要求：对应研发人员的研发能力，只有该研发项目的研发人员能力达到该项要求后，研发才能开始。

推荐资金：推荐企业在资金有效期内达到的资金额，实际研发时有风险，需要结合具体情景参考剩余投入资金来决策投入资金额。

研发成功率＝［企业投入的有效研发资金/推荐资金×80%＋（投入的研发人员研发能力−基本研发能力要求）／100×20%］−（20%～40%），实际研发时有风险，此公示仅作参考。

2. 产品BOM结构

产品物料清单表（BOM结构）如表11.2：（括号中的数字为所需原材料个数）

表 11.2　　产品物料清单表

产品名称	M1	M2	M3	M4	M5	M-X	电子采购总价（元）
LA型产品	2				1	1	1 700
LB型产品	1				1	2	1 400
HA型产品	1	2		1	1	1	2 400
HB型产品	1	1			2	2	2 200
OA型产品	1	1	1	1	0	2	2 900
OB型产品	1	0	1	1	2	2	2 700
SA型产品	1	1	1	0	1	2	3 000
SB型产品	1	0	1	1	2	2	2 700

3. 产品生产

（1）各生产线可以生产企业研发成功的产品，但只能生产一种产品，如要生产其他类型产品，需进行转产；

（2）每种产品的生产周期均为一期。即产品本期投入生产，下期即完工入库。

4. 产品库存

（1）产品存放在产成品库库房，所有存放在仓库的产品均发生库存成本；

（2）库存成本按照季末库存数量计算，一次性支付。

库存费用详细信息见表11.3。

经／管／类／跨／专／业／综／合／仿／真／实／验

表 11.3　　　　　　　　　　　　产成品费用一览表

产成品名称	市场售价（元）	库存成本（元/件·季度）
L 型	4 000	100
O 型	6 000	150
H 型	8 000	150
S 型	10 000	150

二、采购部的原辅材料采购规则

（一）原辅材料采购

（1）企业组织生产需提前按照产品 BOM 结构采购原辅材料；

（2）当企业采购某种原辅材料时，系统供货的时间可选择本期供货和下一期供货，本期供货价钱多出一倍，下期供货原价购买；

（3）库存成本在每期期末按库存的材料数量计算，在下一期支付。

原辅材料的详细信息见表 11.4。

表 11.4　　　　　　　　　　　　原辅材料费用信息表

原辅材料名称	原材料平均市场价格（元）	库存成本（元/件）
M1	600	50
M2	600	50
M3	1 000	50
M4	100	50
M5	200	50
M-X	300	50

（二）组建交易规则

由采购方创建交易，在采购部的采购合同里创建交易，选择采购的物料（原材料和产成品），选择被采购的小组，选择到货时间，输入数量和所有货物的总金额（含税价，总金额包括了增值税）。

（1）购买方需要当季付款，付款后才可以签收货物，签收由选择的到货时间决定；

（2）采购方，需要通过物流进行货物运行，发货时间由合同选择的时间决定，收钱时间为发货后一个季度。

三、市场部的市场投资规则

（1）企业可以通过各种宣传手段，如投入广告费，来开拓市场和提高市场影响力；

（2）本期投放的广告费用，在下一期生效，每种宣传手段，每期只能投入一次。

市场投资的宣传手段详细信息见表11.5。

表 11.5　　　　　　　　　**各宣传手段信息表**

宣传手段	最少投入资金 （元/市场）	资金分配比率	投放形式	每期间允许 投放次数	投放期间 （季度）
网络新媒体广告	400 000	50%	群体市场	2	3
电视广告	300 000	100%	个体市场	4	5
电影广告植入	600 000	150%	个体市场	4	5
产品代言	500 000	60%	群体市场	3	4

其中，资金分配比率，是指投入本项宣传的广告费将会按照分配率进入选中的市场形成有效资金。

例：A企业采用"网络新媒体广告"向"东北""长江中下游""京津唐"三个市场同时投入100万元，按照分配比率，每个市场将实际在3个市场同时产生100万元×50%＝50（万元）。（注意没有除以市场个数"三"）

（3）个体投放和群体投放。个体投入的广告一次只能面向一个市场。群体投放则允许一笔广告费同时投入多个市场。

（4）临时性开拓与永久开拓。当某季度进入该市场的有效资金超过该市场的"临时性开拓所需"时，则当季度该市场标注为"开拓"。企业可以接收本市场的订单。企业不需要支付维护费用。"临时性开拓所需资金""永久性开拓所需资金"详细信息见表11.6。

表 11.6　　　　　　　　　**市场开拓费用表**

市场名称	代表城市	临时性开拓所需资金 （元）	永久性开拓所需资金 （元）	永久竞单加分
东北	沈阳	200 000	3 000 000	3
南部沿海	深圳	250 000	3 000 000	3
黄河中游	北京	300 000	4 000 000	3
欧洲	伦敦	300 000	5 000 000	3
大西南	成都	250 000	2 000 000	3
北部沿海	大连	250 000	1，500 000	3
长江中游	武汉	150 000	1，500 000	3

5. 企业进入市场的有效资金数额直接影响企业在本市场的市场影响力

市场影响力计算方法：某市场影响力＝本企业市场有效投资总额/该市场所有有效投资总额。

市场影响力将直接影响企业在本市场的销售竞单的竞标得分，影响办法见"销售竞单规则"。

四、销售部的产品销售规则

（一）销售方式

在本模拟实训中，制造企业的主要销售方式包括两种：

第一种：电子商务。电子商务也即通过在系统模拟的市场中进行竞单销售。采用此方式销售产品，企业必须投入广告费，开拓市场，才能接到该市场的订单。

第二种：谈判。制造企业之间谈判，签订销售合同进行产品销售。

（二）销售竞单

销售竞单详看本章第二节订单得分模型。

（三）订单交付

订单的交付时间都是本期交付，只要库存满足订单要求，便可以进行产品交付，并且将在下一季度获得收回货款。企业可以到银行申请贴现，当期获得货款，贴现率根据银行相关贴现制度执行。

五、企管部的产品认证规则

资质认证包括 ISO9000 和 ISO14000，企业通过资质认证后将降低销售竞单中的竞标扣分，影响办法见销售竞单规则。

资质认证详细信息见表 11.7。

表 11.7　　　　　　　　　　资质认证信息表

资质认证名称	需要时间（季度）	最少投入（元/季度）	竞单加分	总投入（元/季度）
ISO9000	1	1 000 000	10	1 000 000
ISO14000	2	500 000	10	1 000 000

其中，所需时间：认证所需要花费的时间，当资金投入完成后，认证通过后，该认证正式获得。

增加产品竞单得分：一旦认证获取后，会给竞单相应的得分。

总投入：资金有效期投入资金总和达到该数值时，开始申请质量认证。

六、企管部的人员管理规则

驱动生产线生产、提高研发项目的效率都需要员工，企业通过人力资源管理，可以招聘各式各样的人才，并且将人员分配到合适的岗位开始工作。每种类型的人员都有各种能力，企业在人才招聘时，应注意能力的搭配，在尽可能减少人力成本的同时，提高工作效率。相应规则如下：

（1）招聘的人员在当季即可投入工作，招聘费用在招聘时立即支付；

（2）科研人员进入研发项目后，在产品研发成功以前，可以随时调出。

（3）生产工人在产品完工之前不能从生产线上调出。当每季度产品投产前，生产工人可自由调度。

（4）人员工资在下一季度支付。

（5）向生产线安排生产类人员是提升生产线产能的唯一途径，人员安排有多种组合，其主要决策为减少人力成本，提高生产效率。多种组合计算方式为：

总提升产能=专业能力（工人）×人数（工人数量）+专业能力（工人）×人数（工人数量）×管理能力百分比（车间管理人员）×人数（车间管理人员人数）。

总提升研发能力=科研人员专业能力×人数（科研人员数量）

（6）解聘人员时，支付本季度工资之外还需另支付两个月工资。

（7）人员为空闲状态时也需要支付工资。

人力资源详细信息见表11.8。

表11.8　　　　　　　　　人力资源信息表

人员类型	招聘费用（元）	人员类型	生产能力（每人）	生产能力提高率（%）	研发能力	工资（元/人/季度）
初级工人	6 000	生产	10	0	0	4 000
高级工人	10 000	生产	20	0	0	6 000
车间管理人员	8 000	生产	0	25	0	5 000
研发人员	10 000	研发	0	0	10	10 000

第十二讲
手机制造企业生产总监管理实务

学习目标

●明确生产总监的业务职责；

●生产线规则及应用实务；

●产品研发规则及应用实务；

●产品生产规则及应用实务；

●产品库存规则及应用实务。

　　生产部是根据企业战略，进行生产线的购买、产品生产和研发、产品库存管理的部门，生产部门的工作结果直接决定了销售部门的工作开展与企业盈利。生产总监在企业中往往拥有丰富的生产管理协调经验，熟悉所在行业的生产过程，熟悉原材料的供应渠道，熟悉生产规程以及质量标准，具备良好的生产经营管理理念。生产总监负责参与制定公司发展战略与年度经营计划，主持制定、调整年度生产计划及预算，计划并指导与生产、工厂管理、原材料供应及质量相关的工作。

一、生产总监的业务职责

　　（1）参与制定公司年度总预算和季度预算调整；

　　（2）按工作程序做好与技术、营销、财务系统的横向联系，并及时对系统间的争议提出界定要求；

　　（3）组织实施并监督、检查生产过程中质量体系的运行；

　　（4）主管并监督检查公司安全文明生产、生产环保工作；

　　（5）审阅生产系统及与其相关的文件，在权限范围内签发文件；

　　（6）组织新技术、新工艺、新设备的应用推广；

　　（7）指导、监督、检查所属下级的各项工作，掌握工作情况和有关数据；

　　（8）综合平衡年度生产任务，制订下达月度生产计划，做到均衡生产；

　　（9）负责重要生产设备的申购；

　　（10）指定专人负责生产系统文件、表单等资料的保管和定期归档工作；

　　（11）根据工作需要进行总体指挥、现场指挥；

　　（12）代表公司与政府对口部门和有关社会团体、机构联络。

111

生产部概况如图 12.1 所示：

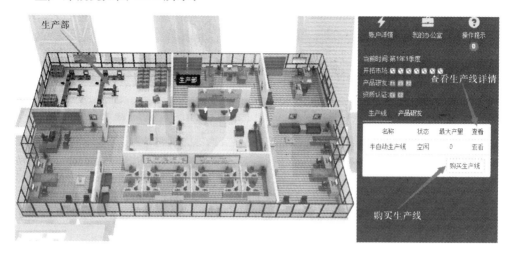

图 12.1　生产部概况

二、生产线规则及应用实务

关于生产线的规则，解读如下：

（1）企业可以根据生产决策，购买生产线，用于组织开展生产；

（2）购买的生产线须安放在厂房中，厂房容量不足时，无法购买安装生产线；

（3）购买生产线一次性支付全部价款，在价款支付完毕后开始安装，在安装周期完成的当季度可投入使用；

（4）生产线的产能初始都为 0，每种生产线都有最大产能。企业必须通过招聘生产工人和生产管理人员，并且将人员调入生产线进行生产，使生产线的产能得到提高，产能最大只能提高到最大产能。人员使用表示每个人员在生产线提高的产能。生产线的产能不等于产量，产能和产量的换算公式是：生产线的产量 =（生产线水平 − 产品的工艺水平）×产能。

（5）每条生产线都具有技术水平，只能生产低于或者等于该生产线技术水平的工艺产品。由于生产线的产量 =（生产线水平 − 产品的工艺水平）×产能，每条生产线都可以升级技术水平，提升的水平 = 当前技术水平/2/提升次数；提升费用 = 生产线购买价格/2。

（6）生产线转产须在生产线建成完工，而且在空闲状态下才能进行。转产不须支付转产费，但有的生产线有转产周期，并且注意转产期间不能对这条生产线进行任何操作，因此在转产之前，如果需要调查人员，应先调出人员，然后再进行转产。

（7）系统中模拟了四种类型的生产线，不同生产线的价格、技术水平、强度及产能各不相同，详细信息见表 12.1。

表 12.1 　　　　　　　　　　　　　　生产线基本信息表

生产线类型	价格（元）	安装周期（季度）	转产周期（季度）	技术水平	最大产能	人员利用率	折旧期限（季度）	强度
劳动密集型生产线	500 000	0	0	2	500	0.5	40	3
半自动生产线	1 000 000	0	1	3	500	1	40	4
全自动生产线	1 500 000	1	1	4	450	10	40	4
柔性生产线	2 000 000	1	0	4	400	3	40	4

注：生产产品消耗的产能＝生产数量／（生产线技术水平−产品工艺水平）。

生产线磨损＝生产线消耗的产能／强度，当生产线磨损超出产能，生产线的产能缩减为一半，继续超出 1 倍，生产线将损坏。

维修费用 ＝ 生产线累计磨损 ^{2} ×技术水平，维修时间＝安装时间，当维修完成后，生产线变成全新的
技术水平升级升提升 ＝ 当前技术水平 ／ 2 ／ 技术提升次数，每次提升的费用 ＝ 基础购买价格 ／ 2

购买完成后可以查看已购买生产线的相应技术指标，如图 12.2 所示。

图 12.2　已购买生产线的相应技术指标

补充说明：

（1）劳动密集生产线、柔性生产线购买—签收—验收后，可以购买原材料，可直接投入生产；半自动、全自动的生产线需要一个季度的安装周期。

（2）每条生产线的生产周期全部为一个季度，到下个季度后产品可入库。

（3）半自动和全自动生产线，由现有的产品生产改为其他的产品生产（包括不同工艺的产品）需要一个季度的转产周期

（4）生产线的强度是会降低的，降低后需要进行维修，维修时间为一个季度。

（5）生产线的产量=（该生产线的技术水平-工艺水平）×生产线产能（工人的能力×人员利用率）。

（6）生产线开始生产，既需要采购符合产品需求的原材料，又需要在生产上招聘工人和管理人员。采购原材料需要和采购总监充分沟通生产计划，招聘工人和管理人员需要和行政总监充分沟通所需要的生产能力。

（7）关于生产线上工人和管理人员的生产能力核算：初级工人、高级工人和管理人员，生产线上不同类型的人员都有不同的生产能力。生产总监需要招聘工人和管理人员时，应注意能力搭配，在尽可能减少人力成本的同时，提高工作效率。相应规则如下：

①招聘的人员在当季即可投入工作，招聘费用在招聘时立即支付；人员工资在下一季度支付。

②生产工人在产品完工之前不能从生产线上调出。当每季度产品投产前，生产工人可自由调度。

③向生产线安排生产类人员是提升生产线产能的唯一途径，人员安排有多种组合，其主要决策为减少人力成本，提高生产效率。多种组合计算方式为：

总提升产能=专业能力（工人）×人数（工人数量）+专业能力（工人）×人数（工人数量）×管理能力百分比（车间管理人员）×人数（车间管理人员人数）。

④解聘人员时，支付本季度工资之外需另支付两个月工资。人员为空闲状态时也需要支付工资。鉴于此规则，生产总监在招聘工人和管理人员时，应重视生产计划、生产线产能、工人和管理人员的人力成本核算，与行政总监共同决策人员招聘计划。

人力资源详细信息见表12.2。

表 12.2 人力资源信息表

人员类型	招聘费用（元）	人员类型	生产能力（每人）	生产能力提高率（%）	研发能力	工资（元/人/季度）
初级工人	6 000	生产	10	0	0	4 000
高级工人	10 000	生产	20	0	0	6 000
车间管理人员	8 000	生产	0	25	0	5 000
研发人员	10 000	研发	0	0	10	10 000

（8）生产总监在生产线管理过程中，每个季度都应对生产线上的一些关键指标做好控制：

①生产线类型；

②购买生产线的价格；

③生产线的状态（空闲/生产中/转产中/维修中）；

④不同状态的生产线上人员的使用情况；

⑤各生产线的最大产量；

⑥各生产线实际产量；

⑦生产线转产或维修计划。

2. 产品研发

（1）制造企业初始设定为都可以生产 L 型产品 A 型工艺清单，如果企业想生产新的产品，就需要投入资金和科研人员进行产品研发。（注：每次投入的研发资金不得少于最少投入资金，研发有成功或失败的风险因素。）

（2）本期投入资金，下一期系统会提示产品研发是否成功。如果研发成功率达到 100%，下一期肯定研发成功。研发成功的当季度可以投入生产。

研发投入资金与投入研发人员示意图，如图 12.3 所示。

图 12.3 产品研发示意图

各类产品研发的具体信息见表 12.3。

表 12.3 产品研发基本信息表

研发项目	基本研发能力	最少投放资金	推荐资金	代表 BOM	技术水平
L 型产品研发	0	0	0	LA 型工艺清单	1
L 型产品工艺改进	50	10 万	30 万	LB 型工艺清单	0

表12.3(续)

研发项目	基本研发能力	最少投放资金	推荐资金	代表BOM	技术水平
H型产品研发	100	30万	100万	HA型工艺清单	2
H型产品工艺改进	50	10万	30万	HB型工艺清单	1
O型产品研发	100	100万	200万	OA型工艺清单	3
S型产品研发	100	150万	300万	SA型工艺清单	4
高端工艺改进	30	30万	60万	OB型工艺清单	2
				SB型工艺清单	3

在投入研发的界面中，我们可以看到研发新品需要投入资金和研发人员，并且存在研发风险，而规避风险的办法多种多样，比如根据剩余投入资金和剩余投入研发能力的提示，做出相应投入；再如在有保险从业资质的银行购买一些相关保险等，都利于帮助企业做好研发风险管理。

其中：

基本研发能力：对应研发人员的研发能力，只有该研发项目的研发人员能力达到该项要求后，研发才能开始。每个研发人员的研发能力为10，招聘费用为10 000元，工资为10 000元每季度。研发人员进入研发项目后，在产品研发成功以前，可以随时调出。总提升研发能力 = 科研人员专业能力×人数（科研人员数量）。

推荐资金：推荐企业在资金有效期内达到的资金额，实际研发时有风险，需要结合具体情景参考剩余投入资金来决定投入资金额。

生产总监在新品研发管理过程中，每个季度都应对产品研发的一些关键指标做好控制：

（1）投入研发的产品类型；

（2）研发状态（成功、失败）；

（3）投入研发人员的人数、招聘总费用、工资总成本；

（4）投入研发的有效资金金额；

（5）研发的剩余投入资金金额；

（6）投入研发的实际资金金额。

3. 产品生产

当生产总监完成了生产线购置安装、新品研发投入、原材料采购到位、原材料库与产成品库及时到位、工人和管理人员到位等工作之后，就可以进入产品生产环节了。产品生产的具体规则如下：

（1）各生产线可以生产企业研发成功的产品，但只能生产一种产品，如要生产其他类型产品，需进行转产；

（2）每种产品的生产周期均为一期。即产品本期投入生产，下期即完工入库。

生产总监在产品生产管理过程中，每个季度都应对产品生产的一些关键指标做好控制：

116

（1）生产中的生产线名称；

（2）生产产品类型、计划产量；

（3）领料生产是否顺利，不顺利的原因排查：如原材料不足；原材料比例失衡；生产线是否在转产中或维修中等；

（4）各条生产线的实际产量；

（5）产成品入库的仓库名称；

（6）转产或维修是否正常。

4. 产品库存管理

当生产总监顺利完成了本季度的生产计划之后，产成品需要存放在产成品库库房，所有存放在仓库的产品均发生库存成本；库存成本按照季末库存数量计算，一次性支付。

产成品库可以选择购买（自行兴建）或租赁。产成品库用来存放各类产成品，自建产成品库占用厂区面积，租赁产成品库不占用厂区面积，现租现用。

产成品库有大、中、小三种规格，不同规格的原材料库的价格、吞吐能力、面积大小及容量都不同，详细信息如表 12.4 所示。

表 12.4　　　　　　　　　　　产成品库基本信息表

产成品库类型	容量（件）	兴建				租赁	吞吐量（件）
		兴建价格（元）	维护费（元/季度）	折旧（季度）	面积（平方米）	租赁费（元/季度）	
小型产成品库	1 000	300 000	2 000	40	200	80 000	40 000
中型产成品库	2 000	400 000	2 000	40	400	100 000	80 000
大型产成品库	3 000	600 000	2 000	40	500	150 000	120 000

产成品库存费用如表 12.5 所示。

表 12.5　　　　　　　　　　产成品库存费用一览表

产成品名称	市场售价（元）	库存成本（元/件·季度）
L 型	4 000	100
H 型	6 000	150
O 型	8 000	150
S 型	10 000	150

生产总监在产品库存管理过程中，每个季度都应对产品库存的一些关键指标做好控制。

（1）产成品库的名称，是购置还是租赁；

（2）产成品类型；

（3）产成品数量；

（4）产成品库存总成本。

第十三讲
手机制造企业采购总监管理实务

学习目标

● 明确采购总监的业务职责；
● 各种产品类型的 BOM 清单；
● 原材料采购规则及实务；
● 原材料库存管理规则及实务；
● 企业间产品交易的规则及实务。

采购部主要负责为支持生产计划实施，而进行的原材料采购业务，以及企业之间原材料、产成品的交易业务。采购部对于公司更好地盈利起着至关重要的作用，在全球供应链管理时代，链条管理的观念深入推进，这大大重塑着采购管理工作。采购总监是采购部门的总负责人，直接对总经理负责，需要在采购领域具有良好的业绩和职业道德纪录，分析能力强，具有优秀的谈判技巧和供应商管理能力。

采购部概况如图 13.1 所示。

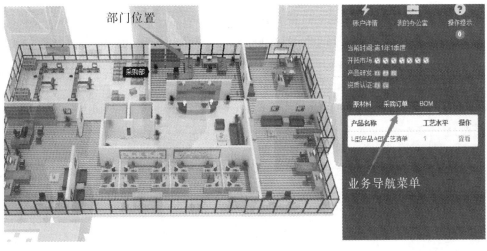

图 13.1 采购部概况

一、采购总监的业务职责

（1）全面主持采购工作，统筹策划和确定采购内容，减少不必要的开支，以有效的资金，保证最大的供应，确保各项采购任务完成；

（2）调查研究公司各部门产品需求及销售情况，熟悉各种型号产品的供应渠道和市场变化情况，确保供应心中有数；指导并监督下属开展业务，不断提高业务技能，确保公司的正常采购量；

（3）进行供应商的评价和管理，建立合理的采购流程；

（4）监督并参与大批量商品订货的业务洽谈，检查合同的执行和落实情况；

（5）认真监督检查各采购主管的采购进程和价格控制。

二、各种产品类型的 BOM 清单

BOM 清单是物料清单（Bill of Material）的英文简称，BOM 清单就是指物料清单，是产品所需要的零部件清单及组成比例结构，即生产一件产品所需的子零件及其产品中零件数量的组合比例。BOM 清单可以查看企业现有生产工艺下生产相应产品所需要的原材料清单，如图 13.2 所示。

图 13.2 BOM 清单

比如，这是 L 型手机 A 工艺的 BOM 清单，一个 LA 是由 1 个 M5，2 个 M1 和 1 个 M-X 组成，假设生产部计划生产 1 000 个 LA 型手机，采购部需要按时采购入库 1 000 个 M5，2 000 个 M1 和 1 000 个 M-X。

综合实验平台所有产品型号的物料清单（BOM 结构）如表 13.1 所示（括号中的数字为所需原材料个数）：

表 13.1　　　　　　　　所有产品型号的物料清单表

产品名称	M1	M2	M3	M4	M5	M-X
LA 型产品	2				1	1
LB 型产品	1				1	2
HA 型产品	1	2		1	1	1
HB 型产品	1	1			2	2
OA 型产品	1	1	1	1	0	2
OB 型产品	1	0	1	1	2	2

表13.1(续)

产品名称	M1	M2	M3	M4	M5	M-X
SA 型产品	1	1	1	0	1	2
SB 型产品	1	0	1	1	2	2

采购总监只有熟悉了每种产品的 BOM 清单，才能根据销售计划和生产计划，精准到位地提前采购相应的原材料。

三、原材料采购规则

企业组织生产需提前按照产品 BOM 结构采购原材料。

当企业采购某种原材料时，系统供货的时间可选择本季度供货和下季度供货两种到货时间，本季度到货付出的代价是原材料价格多出一倍，下季度到货为原价购买。正常采购时系统默认为下一季度到货，每种原材料的价格如图 13.3 所示，假设采购总监第一季度采购原材料，原材料价格使用表中的原价，系统默认第二季度到货，生产总监在第二季度可以开始生产，由于生产周期为一个季度，所以第三季度才会有产成品入库，这意味着销售总监抢单时需要选择第三季度及以后交付产品的订单。

原材料	采购订单	交易请求	BOM	
物料名称	物料价格(元)	体积(箱) ❷	操作	
M1	600	1	购买	
M2	600	1	购买	
L型	4 000	3	购买	
O型	8 000	3	购买	
H型	6 000	3	购买	
S型	10 000	3	购买	
M3	1 000	1	购买	
M4	100	2	购买	
M5	200	3	购买	
M-X	300	3	购买	

图 13.3　原材料采购图

如果采购总监第一季度紧急采购原材料，那么原材料价格是表中原价的两倍，生产总监可以在第一季度开始生产，由于生产周期为一个季度，第二季度会有产成品入库，这意味着销售总监抢单时可以选择第二季度及以后交付产品的订单。

上述例子说明，在采购原材料时，选择本季度到货还是下季度到货，采购总监需要结合销售和生产计划，统筹决策。

四、原材料库存管理

（1）原材料存放在原材料库库房，所有存放在仓库的产品均发生库存成本；

（2）库存成本在每季度末按库存的材料数量计算，在下一期一次性支付。

原辅材料费用信息表，如表 13.2 所示。

表 13.2　　　　　　　　　　　原辅材料费用信息表

原辅材料名称	原材料平均市场价格（元）	库存成本（元/件/季度）
M1	600	50
M2	600	50
M3	1 000	50
M4	100	50
M5	200	50
M-X	300	50

采购总监在原材料采购管理过程中，每个季度都应对原材料采购的一些关键指标做好控制：

（1）产品类型及其 BOM 清单；

（2）原材料的物料名称及其库存总成本；

（3）原材料的计划采购量、实际采购量；

（4）原材料的到货时间（本季度/下季度）；

（5）原材料采购合同货款总计；

（6）原材料库的储备形式（购买/租赁）。

五、产品交易规则

产品交易是指手机制造业企业之间的原材料或产成品交易，发生产品交易的情形有：

（1）当企业的产成品无法满足当期订单交货要求时会产生这种交易；

（2）企业之间采购计划有出入，出现应急生产计划时会产生这种交易；

（3）手机制造企业之间建立某些物料的采购关系时，会产生这种交易。

企业间市场交易的示意图如图 13.4 所示。

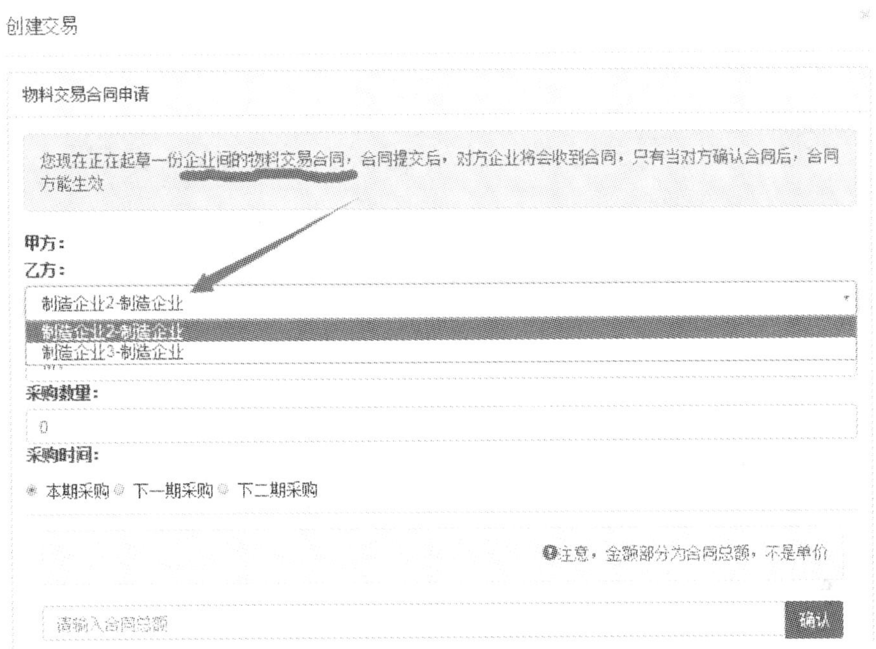

图 13.4　企业间市场交易的示意图

甲方是采购方企业，甲方在采购部的采购合同里创建交易；

乙方是销售企业，选择乙方的企业名称；

输入甲乙双方交易的物料名称（原材料和产成品）、采购数量、输入数量；采购到货时间可以选择本期到货、下季度到货和下下季度到货，交易方企业可以自行协商选择到货时间。

合同总额是指所有货物的金额，是含税价，总金额包括了增值税。

这里需要注意的是货到之后，货款在下个季度初自动转账到销售方账户中。如果销售方本季度需要使用这笔货款，可以到商业银行申请贴现业务。

采购总监在产品交易过程中，每个季度都应对产品交易的一些关键指标做好控制：

（1）产品交易合同的乙方企业名称；

（2）产品交易的物料名称、交易数量；

（3）产品交易的到货时间；

（4）产品交易的合同总额。

第十四讲
手机制造企业市场总监管理实务

学习目标

● 明确市场总监的业务职责和职业目标；
● 如何实现职业目标一：对市场需求做出快速反应；
● 如何实现职业目标二：使市场营销效率最大化；
● 如何实现职业目标三：代表并维护消费者利益。

市场总监也称为企业的首席营销官（CMO，chief marketing officer），是企业中负责市场运营工作的高级管理人员，主要负责企业营销思想定位；把握市场机会，制订市场营销战略和实施计划，完成企业营销目标；协调企业内外部关系，对企业市场营销战略计划的执行进行监督和控制；负责企业营销组织建设与激励工作。市场总监具有实现企业效益的职业地位，他代表企业与客户建立良好的关系；促进产品的研制与开发；帮助企业建立需求型的管理体制。

一、市场总监的业务职责

（1）寻找市场机会，确定市场营销战略和贯彻战略决策的行动计划，完成企业的营销工作，主要有：市场调研、营销战略的制定、参与生产管理、塑造企业形象、渠道管理、促销管理等。

（2）在企业中进行营销思想的定位、指导和贯彻的工作，及时、准确地向企业的各个部门传递市场及企业的要求，做好信息沟通工作。

（3）负责企业市场营销战略计划的执行，在计划实施过程中，对执行过程进行控制，做好内部协调工作。

（4）对企业市场行为进行监督，对市场需求做出快速反应，使市场营销效率最大化，代表并维护消费者利益。

（5）负责或参与企业文化的建设，做好组织、激励工作。

市场部的概况如图 14.1 所示。

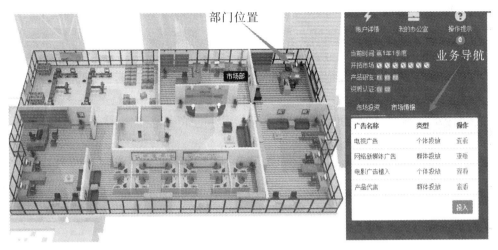

部门位置

14.1　市场部的概况

二、如何实现市场总监的三大职位目标

1. 对市场需求做出快速反应

由于综合实验平台假定企业在存续期，连续生产、分期经营、逐期核算。所以市场总监需要每个季度都持续不断地对市场需求做出快速适应与调整。

由于综合实验平台模拟的是有一定竞争性的"买"方市场，即各期产品市场总需求略小于市场总供给。其中，"买"方由系统模拟，"卖"方由若干家手机生产制造企业组成，所以市场总监有适度的销售竞争压力。

市场总监如何对市场需求做出快速反应呢？

首先，市场总监需要密切关注班级环境的产品需求生命周期。产品需求生命周期一般分为五个阶段：首先是出现期，然后是加速成长期、缓慢增长期、成熟期和衰退期。本系统模拟 L、S、O 及 H 型四种不同类型的手机产品的生产及经营管理过程，各产品需求生命周期曲线如图 14.2 所示。

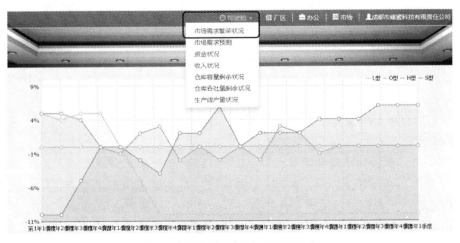

14.2　各产品需求生命周期曲线图

125

企业初创期都平等地拥有 L 型产品技术，但是 L 型改进、H 型、O 型、S 型及其改进产品，需要企业研发成功，才可以投入生产与销售。市场总监需要根据各产品需求生命周期曲线走势，与生产总监充分沟通，做相关的新品研发规划与决策。

其次，市场总监需要密切追踪与分析市场需求总量与分市场需求量，如图 14.3 所示。

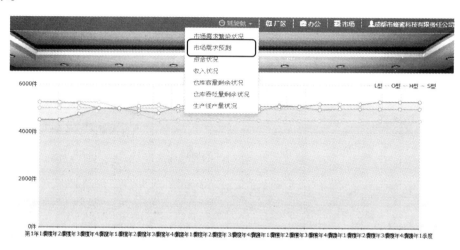

14.3 市场需求预测图

综合实验平台的供需平衡是如何形成的呢？

（1）上一季度市场生产总量决定了本季度市场供给总量；

（2）本季度某产品的市场需求总量是本季度市场供给总量的 k 倍，k 取值为 0.95～1.05；

（3）综合实验的手机销售市场划分为东北市场、南部沿海市场、黄河中游市场、大西南市场、北部沿海市场、长江中游市场六个国内分市场和亚洲市场一个国际分市场。各产品分市场需求量由该分市场需求比例 m 决定，m 是全部企业对该分市场投入广告总金额占全部市场投入广告总金额的比重。设 DD_{ij} 为第 i 产品第 j 期某分市场需求总量，m_{ij} 为第 i 产品第 j 期某分市场需求比例，则各产品分市场需求量模型如下：

$$DD_{ij} = m_{ij} \cdot TD_{i,j} \qquad (j=1, \cdots, n+1)$$

其中，m_{ij} 即某分市场第 j 期市场需求比例，为第 j 期全部企业对某分市场投入总金额占全部市场投入总金额的比重。

市场总监每个季度做好上述公式中的各项目调查、统计和核算工作，就可以帮助企业做出更富有发展前景的营销计划。

2. 使市场营销效率最大化

市场总监的营销效率，取决于三个方面：一是高效选择市场投资宣传手段；二是高效选择市场投资的目的地及其开拓的有效期；三是扩大市场影响力。

市场总监每个季度都需要通过各种宣传手段，如投入广告费，来开拓市场和提高市场影响力，目的是为下一季度抢单赢得更大竞争优势。本季度投放的广告费用，在下一季度生效，每种宣传手段，每期只能投入一次。这需要市场总监充分了解各种媒体宣传手段的资金门槛、资金投放形式、资金分配比率、投放次数、投放期间等规则。

市场投资宣传手段的规则如表 14.1 所示。

表 14.1　　　　　　　　　　　　　市场投资宣传手段

宣传手段	最少投入资金（元/市场）	资金分配比率	投放形式	每期间允许投放次数	投放期间（季度）
网络新媒体广告	40 万	50%	群体市场	2	3
电视广告	30 万	100%	个体市场	4	5
电影广告植入	60 万	150%	个体市场	4	5
产品代言	50 万	60%	群体市场	3	4

其中，资金分配比率，是指投入本项宣传的广告费将会按照分配率进入选中的市场形成有效资金。广告投放形式有个体投放和群体投放：个体投放的广告一次只能面向一个市场。群体投放则允许一笔广告费同时投入多个市场。

每期间允许投放的次数，是指每个季度可以使用的次数。投放期间指的是可以使用的季度个数。

市场总监们需要根据产品市场需求预测、市场竞争激烈程度，决定市场投资宣传媒体的高效使用。不同城市临时性开拓与永久性开拓的规则如下：

市场投资的目的地可以先考虑厂区所在地之外的地区，因为厂区所在地无须投资广告，也有抢单机会，如需增加抢单加分，再考虑投资厂区所在地。厂区所在地之外的地区，投资有效才有抢单机会，没有投资或投资无效，都不会有抢单机会。各地市场开拓所需资金额如表 14.2 所示。

表 14.2　　　　　　　　　　　　各地市场开拓所需资金额表

市场名称	代表城市	临时性开拓所需（元）	永久性开拓所需（元）	永久竞单加分
东北	沈阳	200 000	3 000 000	3
南部沿海	深圳	250 000	3 000 000	3
黄河中游	北京	300 000	4 000 000	3
欧洲	伦敦	300 000	5 000 000	3
大西南	成都	250 000	2 000 000	3
北部沿海	大连	250 000	1 500 000	3
长江中游	武汉	150 000	1 500 000	3

沈阳、深圳、北京、伦敦、成都、大连、武汉七个市场临时开拓资金额有差异，永久开拓资金额也有差异。临时开拓有效期为一个季度，永久开拓有效期为永久。假设厂区所在地为成都，第一年第一季度市场总监临时开拓大连市场，假设选择个

体投放的电视广告开拓市场，电视广告的最小投入资金为 30 万元，资金分配比率为 100%，即 30 万元全部有效。而临时开拓大连市场的门槛是 25 万元，这时需要就高不就低，市场总监要投入 30 万元，在第一年第二季度，大连市场才能成功开拓，并参与大连市场的抢单，由于是临时开拓，有效期只有 1 个季度，如果不追加投资，在第一年第三季度大连市场将不再开放。如果市场总监投入 25 万元，不符合电视广告的最小投入资金 30 万元的要求，因此在第一年第二季度，大连市场不能被成功开拓，也不能参与大连市场的抢单。鉴于此，市场总监需要认真核算市场投资宣传手段与目的地的投资规则，就高不就低，才能有效使用市场投资资金。

市场有效开拓之后，有时会出现该市场没有产品需求的现象，也会极大地浪费市场投资金额。鉴于此，市场总监需要密切关注班级环境中各家企业的厂区所在地、广告投放地址和投放金额、某产品的市场总产量，综合决策市场开拓的目标。

3. 代表并维护消费者利益

市场总监的决策影响了销售总监对消费者利益的承诺。无论是电子订单还是和班级环境中的企业直接进行贸易，都可能由于备货不足、盲目抢单等原因出现违约，违约不仅仅要接受违约金惩罚，更重要的是损害了客户和合作伙伴的即时利益与后期商业计划，同时工商局会对企业违约投诉参与处理；会计师事务所会对违约行为进行记录和备案；银行也会因为违约档案降低企业的信用评级。因此市场总监代表并维护消费者利益，本身也是在维护企业自身的商誉和利益。市场总监在工作决策中，需要养成良好的沟通习惯，保障与生产、采购、销售、财务、行政总监的充分沟通与整体协调配合。

三、市场总监如何提升市场影响力

市场影响力将直接影响企业在本市场的销售竞单的竞标得分，从而决定销售总监的抢单优势和抢单结果。企业进入市场的有效资金数额直接影响企业在本市场的市场影响力。

市场影响力的计算方法：某市场影响力=本企业市场有效投资总额/该市场所有有效投资总额。市场影响力满分为 50 分，影响力每占 1%，加 0.5 分。

市场总监在市场投资过程中，每个季度都应对市场投资和市场情报的一些关键指标做好控制：

（1）市场投资宣传手段名称及使用次数；

（2）市场投资目的地；

（3）市场投资金额；

（4）市场开拓是否成功；

（5）市场影响力得分；

（6）每笔市场投资对企业盈利的贡献占比。

第十五讲
手机制造企业销售总监管理实务

学习目标

● 明确销售总监的工作职责；

● 如何预测下一季度的订单数量；

● 如何在抢单时对产品报价；

● 如何提高竞单得分；

● 交付产品后的资金流转；

● 如何完成企业间的产品交易。

销售总监负责整个销售部门，销售总监既是执行者，也是决策者，具备市场主导能力和市场快速反应能力。销售总监的工作主要是：调研和考察市场；督促销售专员的工作；制订销售计划；定期销售总结；管理销售团队；销售专员绩效考核评定，以及协助生产部研发新产品，协助市场部开拓新市场，增强市场影响力等。

一、销售总监的工作职责

（1）参与制定企业 4~5 年的销售战略、季度销售计划和销售预测。

（2）组织与管理销售团队，完成企业产品销售目标。

（3）控制销售预算、销售费用、销售范围与销售目标的平衡发展。

（4）招募、培训、激励、考核下属员工，以及协助下属员工完成下达的任务指标。

（5）收集各种市场信息，并及时反馈给上级与其他有关部门。

（6）参与制定和改进销售政策、规范、制度，使其不断适应市场的发展。

（7）发展与协同企业和合作伙伴的关系。

（8）妥当处理客户投诉，以及接待客户的来访；协助上级做好市场危机公关。

（9）协助制定企业产品和企业品牌推广方案，并监督执行。

下面我们结合综合实验平台，了解销售总监的业务实务，如图 15.1 所示。

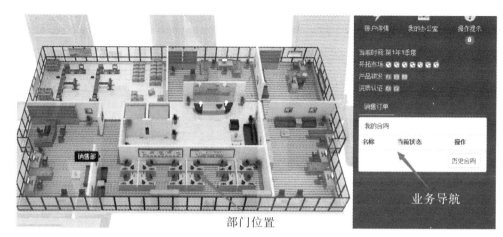

部门位置

15.1 销售部概况

销售部的业务操作是从第二季度开始的，在每季度开始时的 150 秒内完成市场抢单、定价以及订单交付工作。在综合实验课程运行中，常有销售总监遇到第二季度市场中并没有订单需求，而流失宝贵的抢单机会和为企业创收的机会。市场中的订单需求不仅依赖于本企业生产部的产成品成产量，还牵制于班级环境某类型产品产成品的总产量；不仅取决于本企业市场部的市场投资开拓的有效性，还取决于班级环境所有企业对某市场投资的总力度。因此，销售总监每个季度的职业价值，是上一个季度与生产部、市场部共同决策、执行生产计划、市场投资计划的结果。销售总监应该从第一年第一季度开始，就主动参与市场部的市场调查和市场投资决策；主动核实生产部的生产时间计划、产量计划和研发计划，为自己下一个季度完成销售目标，实现职业价值夯实基础。

二、如何预测下一季度的订单数量

综合实验平台的订单模型假设：第 i 产品第 j 期某分市场需求总量 DD_{ij}，即为该产品该期各分市场订单总数。订单数量模型如下：

$$DD_{ij} = m_{ij} \cdot TD_{(i,j)} = m_{ij} \cdot k_{ij} \cdot TS_{(i,j-1)}$$

即某产品某分市场的订单总数量由该产品本季度市场供需比例 k_{ij}、该产品本季度分市场需求比例 m_{ij} 及上一季度所有企业该产品的产能总量决定。该期全部产品订单形成订单池，供企业竞单。

（1）上一季度市场生产总量决定了本季度市场供给总量 TS；

（2）本季度某产品的市场需求总量是本季度市场供给总量的 k 倍，k 取值为 0.95～1.05；

（3）综合实验平台的手机销售市场划分为东北市场、南部沿海市场、黄河中游市场、大西南市场、北部沿海市场、长江中游市场六个国内分市场和亚洲市场一个国际分市场。各产品分市场需求量由该分市场需求比例 m 决定，m 是全部企业对该分市场投入广告总金额占全部市场投入广告总金额的比重。设 DD_{ij} 为第 i 产品第 j 期某分市场需求总量，m_{ij} 为第 i 产品第 j 期某分市场需求比例，则各产品分市场需求量模型如下：

$$DD_{ij} = m_{ij} \cdot TD_{(i,j)} \qquad (j=1,\ \cdots n+1)$$

其中，m_{ij} 即某分市场第 j 期市场需求比例，为第 j 期全部企业对某分市场投入总金额占全部市场投入总金额的比重。

基于综合实验平台的订单模型，销售总监在预测下一季度订单需求量时，需要调研如下数据：

（1）本季度班级环境中某产品的总产量 TS（预测需求值）；

（2）下一季度本企业某产品的计划产量（可申请的订单数量）；

（3）下一季度某产品的市场需求繁荣状况（预测 k 值，在平台驾驶舱内可以查阅）；

（4）本季度班级环境对某个市场的投资总额；

（5）本季度本企业对某个市场的投资总额（预测 m 值）。

三、如何在抢单时对产品报价

销售总监在 150 秒的竞单时间里，需要决定产品数量，并对产品做出报价，通过与所有竞争企业比较竞单得分，决定是否能够成功抢单。

产品数量比较容易确定，只要产成品库有确定的产品数量，就有抢单履约的能力。

抢单时对产品的报价，则具有一定的不确定性，产品报价是高还是低，不仅影响竞单得分，还影响抢单成功之后企业的盈利能力。抢单时对产品报出的定价，其实在上一季度就应该对本企业生产的产品进行定价预测。综合实验平台的产品定价模型主要参考的是成本定价法，即产品定价取决于所生产产品的单位成本。可以用公式表达为：

本季度产出产品的成本价 ＝［（管理费用 ＋ 销售费用 ＋财务费用）/当期生产产品个数］＋直接成本（原材料）

销售总监在本季度做好单位产品成本价格核算之后，在下一季度开始时，可以此价格作为报价基础，结合其他竞争企业的报价信息，和自身的竞单得分，在 150 秒的时间内可以适时多次修改产品报价，以争取最终赢取订单。

四、如何提高竞单得分

销售总监在抢单时间，根据企业供货能力向订单池申请订单。系统根据竞单得分模型计算企业竞争力，并按照企业竞争力强弱排序，竞单得分越多，企业的竞争力越强，最终竞单得分最高的企业将赢取订单。销售总监的抢单压力就在于如何提高竞单得分。下面我们一起解读竞单得分公式：

竞单得分＝价格分+市场影响力得分+质量分+优先完成企业得分

竞单评分标准如图 15.2 所示。

15.2　竞单评分标准

假设综合实验平台给出的 L 型产品的标底价格为：4 000 元/个。

价格分：满分为 100 分。报价高于标底价格 1%，则扣 10 分，如果报价 4 040 元，则扣除 10 分；若出价为 4 010 元高出标底价 0.25%，此时四舍五入不扣分。报价低于标底价格 1%，加 2 分，例如报价 3 960 元，则加 2 分。

市场影响力得分：满分 50 分。市场影响力＝本企业市场有效投资总额／该市场所有有效投资总额，市场影响力的取值范围为 [0%，100%]。市场影响力每占 1%，则加 0.5 分，例如市场影响力占 50%，则加 25 分。本企业市场有效投资总额是市场总监在上一季度完成的市场投资金额。

质量分：产品认证分。产品认证是行政总监完成的资质认证工作。每完成一个质量认证，加相应的分值。如果行政总监本季度完成了 ISO9000 资质认证，则加 10 分；如果行政总监本季度完成了 ISO14000 资质认证，也加 10 分。

优先完成企业经营加分：在教师或助教没有统一结束本季度操作时，每个小组可以自行提前结束本季度操作。在办公区单击公司名称，设置高级权限密码。之后每次在办公区单击公司名称，就可以自行提前结束本季度操作了。

优先完成企业经营得分＝（结束公司数量−名次+1）/结束公司数量×30

永久开拓得分：永久开拓的市场都加 3 分。

销售总监理解了竞单得分公式之后，在每个季度就需要关注如下关键信息：

（1）了解生产部的产品生产工作，认真核算并积极控制产品成本；

（2）了解本企业以及所有企业对某市场的市场投资金额；

（3）了解企管部的资质认证进度；

（4）帮助企业团队提升工作效率，争取提前结束本季度操作。

五、产品交付的资金流转

销售总监抢单成功后，签订销售合同，按时按量完成产品交付，产品交付时需支付运输费用，由物流公司和核心企业沟通定价。产品交付后的货款将在下一季度自动到账，如果企业急需使用货款，可以到银行申请贴现业务。

六、企业间的产品交易

在本模拟实训中，制造企业的主要销售方式有两种：

第一种：电子商务。电子商务指通过综合实验平台在市场中进行竞单销售。

第二种：谈判。制造企业之间谈判，签订销售合同进行产品销售，企业间通过面对面的谈判，实现产品交易的情形有：

（1）当企业的产成品无法满足当期订单交货要求时会产生这种交易；

（2）企业之间采购计划有出入，发生应急生产计划时会产生这种交易；

（3）手机制造企业之间建立某些物料的供货关系时，会产生这种交易。

企业间产品交易的示意图如图 15.3 所示。

15.3 企业间产品交易的示意图

甲方是采购方企业，甲方创建交易，在采购部的采购合同里创建交易；

乙方是销售企业，选择乙方的企业名称；

输入甲乙双方交易的物料名称（原材料和产成品）、采购数量、输入数量；采购到货时间可以选择本期到货、下季度到货和下下季度到货，交易方企业可以自行协商选择到货时间。

合同总额是指所有货物的金额，是含税价，总金额包括了增值税。

这里需要注意的是货到之后，货款是在下个季度初自动转账到销售方账户中。如果销售方本季度需要使用这笔货款，可以到商业银行申请贴现业务。

销售总监在销售产品的过程中，每个季度都应对产品销售的一些关键指标做好控制：

（1）产品竞单报价、竞单得分；

（2）销售合同的产品类型、数量、交付时间；

（3）销售金额总计；

（4）销售利润核算。

第十六讲
手机制造企业行政总监管理实务

学习目标

●行政总监的管理职责；

●行政总监如何完成人员招聘计划；

●行政总监如何完成企业资质认证；

●行政总监如何做好工资表；

●行政总监如何申请企业年检。

行政总监（chief administrative officer，CAO）又称首席行政官，是在一个企业中负责最高日常事务的行政人员。其专业与领导能力，让公司的股东代表（董事）愿意聘请他们，负责公司的经营管理，并对公司及股东们负责。行政总监如同企业管理层的万金油，他们参与制订公司年度总预算和季度预算调整；定期组织做好办公职能检查，及时发现问题、解决问题，同时督促做好纠正和预防措施工作；代表公司与外界有关部门和机构联络并保持良好合作关系；组织和推动文化建设，维护员工的劳动权益和福利保障等。

一、行政总监在综合实验平台中的管理职责

（1）参与讨论企业组织结构及人员岗位设置的合理性，当发现下级部门的岗位设置或岗位分工不合理时，要及时指出问题，作出调整。

（2）招聘及任免。根据生产部门提供初级工人、高级工人、车间管理人员、科研人员的招聘和解聘需求，完成招聘和解聘计划。

（3）绩效考评与工资管理。设计具有岗位激励性质的绩效考评制度，并在工资管理中积极应用。每季度做好员工工资表，力争工资表具有激励性、增长性和人力成本控制的平衡，积极赢取工商局（现已更名为市场监督管理局）关于企业工资管理评奖的奖项。

（4）按时完成企业年检工作，做好企业文化建设活动。

二、行政总监如何完成人员招聘计划

企业管理部的概况如图 16.1 所示。

135

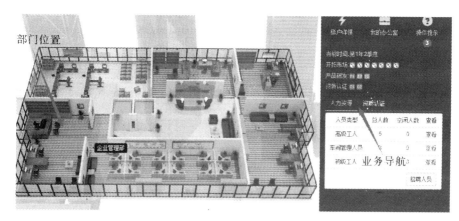

图 16.1　企业管理部概况

　　驱动生产线生产、提高研发项目的效率都需要员工，行政总监可以通过人力资源管理，招聘各式各样的人才，并且将人员分配到合适的岗位开始工作。每种类型的人员都有各种能力，行政总监在人才招聘时，应注意能力的搭配，在尽可能减少人力成本的同时，提高工作效率。相应规则如下：

　　（1）招聘的人员在当季即可投入工作，招聘费用在招聘时立即支付。

　　（2）科研人员进入研发项目后，在产品研发成功以前，可以随时调出。

　　（3）生产工人在产品完工之前不能从生产线上调出。每季度产品投产前，生产工人可自由调度。

　　（4）人员工资在下一季度支付。

　　（5）向生产线安排生产类人员是提升生产线产能的唯一途径，人员安排有多种组合，其主要以减少人力成本，提高生产效率为依据。多种组合计算方式为：

　　总提升产能 = 专业能力（工人）×人数（工人数量）+专业能力（工人）×人数（工人数量）×管理能力百分比（车间管理人员）×人数（车间管理人员人数）。

　　总提升研发能力 = 科研人员专业能力×人数（科研人员数量）

　　如图 16.2 所示，招聘的人员类型有初级工人、高级工人、车间管理人员、研发人员。

招聘人员

序号	人员类型	招聘费用(元)	工资(元/期)	管理能力	专业能力	人员类型	操作
1	初级工人	6000	4000	0	10	生产人员	招聘
2	高级工人	10000	6000	0	20	生产人员	招聘
3	车间管理人员	8000	5000	25	0	生产人员	招聘
4	研发人员	10000	10000	0	10	研发人员	招聘

图 16.2　招聘人员情况图

招聘费用在招聘时一次性支付，比如初级工人的招聘费用6 000元意味着招聘一位初级工人的招聘费用为6 000元。

工资：代表一位人员的季度工资金额。比如初级工人的工资4 000元，意味着一位初级工人一个季度的工资为4 000元。

管理能力只有车间管理人员有，车间管理人员没有生产能力，但是可以通过管理能力提升工人的生产能力。一个管理人员可以提升的生产能力是25%。

专业能力对于工人而言代表产能，对于研发人员而言代表研发能力。比如一个初级工人的产能是10，一个高级工人的产能是10，一个研发人员的研发能力是20。

行政总监根据生产部上报的招聘需求，单击招聘，就可以实施人员招聘计划。

当生产线空闲或维修或转产时，可以解聘工人；当产品研发成功后，也可以解聘研发人员，解聘人员时，支付本季度工资之外需另支付两个月工资。行政总监在执行人员解聘时，应告知生产部解聘费用，统筹成本控制后，再确认是否执行解聘计划。

行政总监在人力资源管理工作中，每个季度都应对人力资源管理的一些关键指标做好控制：

（1）招聘人员类型、人数、招聘费用；

（2）招聘人员的专业能力、工资总成本；

（3）空闲人员的人数；

（4）解聘人员的类型、人数、解聘费用。

三、行政总监如何完成企业资质认证

企业资质认证包括ISO9000和ISO14000，企业通过资质认证后将有助于销售部竞单加分，获得竞单优势。企业资质认证信息如表16.1所示：

表16.1　　　　　　　　　　　　资质认证信息表

资质认证名称	需要时间（季度）	最少投入（元/季度）	竞单加分	总投入（元/季度）
ISO9000	1	1 000 000	10	1 000 000
ISO14000	2	500 000	10	1 000 000

所需时间：认证所需要花费的时间。当资金投入完成，认证通过后，该认证正式获得。资质认证投入后，下季度才能产生作用，并永久生效。

增加产品竞单得分：一旦获取认证，会给竞单中相应的得分。

总投入：资金有效期投入资金总和达到该数值时，开始申请质量认证。

行政总监在资质认证工作中，每个季度都应对资质认证的一些关键指标做好控制：

（1）资质认证的类型；

（2）资质认证的投入金额；

（3）资质认证需要的时间；

（4）资质认证是否成功。

四、行政总监如何做好工资表

关于工资表制作的背景知识，我们在第三讲"个人信息注册与组织管理实务"中学习过。工资表制作如表 16.2 所示。

表 16.2　　　　　　　　　　　　　　工资表

职位	姓名	基本工资	缺勤扣款	养老保险（8%）	医疗保险（2%+3）	失业保险（0.5%）	工伤保险（0%）	生育保险（0%）	住房公积金（10%）	季度奖金	应税总额	应扣个人所得税	薪酬合计
CEO	张三												
生产总监	李四												
销售总监	王五												
财务总监	赵六												
行政总监	魏七												

下面我们针对综合实验平台的工资表格，介绍一下行政总监如何做好员工工资表：

这份工资表中的员工是企业团队中的所有成员。

（1）基本工资。基本工资金额应不低于厂区所在地最低工资标准，不低于本公司所处行业相同岗位的平均工资；在班级运营环境中，本公司基本工资水平具有一定的竞争力。行政总监需要对厂区所在地最低工资标准、本公司所处行业相同岗位的平均工资数据做信息查询，对班级环境中的基本工资水平做市场调研。基本工资在 4~5 年的经营期中，应该有增长计划，在确定基本工资增长频率和幅度时，需要行政总监对厂区所在地工资增长率、本公司所处行业相同岗位的平均工资增长率数据做信息查询，参考借鉴。

（2）缺勤扣款。这是一个惩罚项目，扣款频率和力度应体现企业"以奖为主，以罚为辅"的激励理念，同时又发挥惩罚的管理作用，可以与 CEO 讨论考勤制度与扣款标准，加以执行。

（3）五险一金表格中显示的数字比率是个人缴纳部分的比率，单位缴纳部分，行政总监可以参考第 3 讲的背景知识，记录手工账。

（4）季度奖金是体现工资激励性的重要环节，不同岗位季度奖金的发放依据应该有所不同，同时也应该保障岗位之间的相对公平性。季度奖金的发放需要行政总监对每个岗位加以量化考核认定，并经 CEO 认同备案。

（5）应扣个人所得税，可以参考第三讲的背景知识，争取让每一位员工体验到纳税光荣的荣誉感。

在综合实验平台中，市场监督管理局（原工商局）每个季度将介入企业间工资管理监督与评优工作，具体包括工资结构最合理奖、工资金额最高奖、工资激励性最强奖（工资金额虽不是最高，但企业创收能力领先）和工资增长率最快奖，希望行政总监重视工资表的优化工作，积极争取更多奖项。

五、行政总监如何申请企业年检

企业年度检验是工商行政管理机关依法按年度对企业进行检查，确认企业继续经营资格的法定程序，凡领取中华人民共和国企业法人营业执照、中华人民共和国营业执照、企业法人营业执照的有限责任公司、股份有限公司、非公司企业法人和其他经营单位，均须参加年检。当年设立登记的企业，自下一年起参加年检。公司年检的主要目的是要审核这些已登记的公司是否合法经营，是否具有继续经营的能力。

行政总监申请企业年检时，需要在实习导航中，选择市场监督管理局（原工商局），点击企业年检，填写年检报告书，如图16.3所示。企业年检除了提交年检报告书（图16.4）之外，还需提交营业执照正、副本；企业法人年度资产负债表和损益表；年度审计报告。

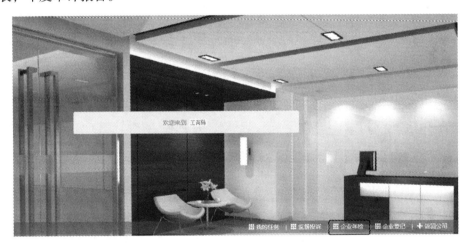

图16.3　企业年检

企 业 法 人 年 检 报 告 书

（　　　　　年度）

公司名称：　　　　　　（盖章）

联系电话：

注 册 号：

登记机关：

图 16.4　企业法人年检报告书

年检报告的封面填写年度期间、公司全称、联系电话、注册号为营业执照的统一社会信用代码，登记机关为工商局（现已更名为市场监督管理局）的全称，如图 16.5 所示。

一、登 记 事 项 情 况

登记事项名称	登记事项现状
名称：	□与登记一致。 □与登记不一致。 现状是：
住所：	□与登记一致。 □与登记不一致。 现状是：
经营场所	□与登记一致。 □与登记不一致。 现状是：
法定代表人姓名	□与登记一致。 □与登记不一致。 现状是：
注册资本（万元）	□与登记一致。 现状是：
经营期限	□与登记不一致。 现状是：
分支机构	□与登记一致。 □与登记不一致。 现状是：

图 16.5　年检报告封面的填写

登记事项一栏主要核实企业名称、住所、经营场所、法定代表人姓名、注册资金、经营范围、分支机构、出资人姓名及出资金额等信息是否与登记时一致。

备案事项情况，核实公司章程与主管部门是否与备案事项一致，如图 16.6 所示。

二、备案事项情况

备案事项名称	备案事项现状
章程：	□与备案一致。 □与备案不一致。 修改的主要事项：
主管部门：	□与备案一致。 □与备案不一致。 现状是：

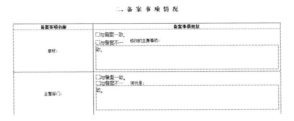

图 16.6　备案事项情况

对外投资情况一栏，如实填写所投资企业名称、注册号、认缴出资额、持股比例等信息，如图 16.7 所示。

三、对外投资情况

序号	所投资企业名称	注册号	认缴出资额（万元）	持股比例（%）

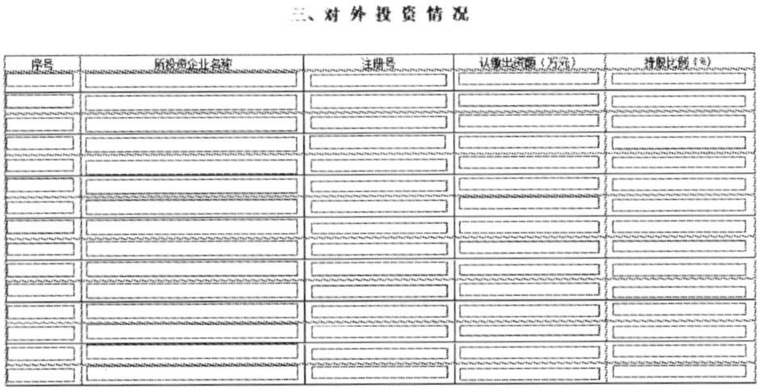

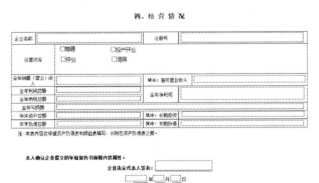

图 16.7　对外投资情况

经营情况一栏需要结合企业年度资产负债表和年度损益表，以及审计报告的信息如实填写企业名称，注册号，运营状况（筹建、投产开业、停业还是清算），全年销售收入（其中服务营业收入），全年利润总额，全年净利润，全年亏损额，年末资产总额（其中长期投资），年末负债总额（其中长期负债），如图 16.8 所示。

四、经营情况

企业名称		注册号	
运营状况	□筹建 □投产开业 □停业 □清算		
全年销售（营业）收入		其中：服务营业收入	
全年利润总额		全年净利润	
全年纳税总额			
全年亏损额			
年末资产总额		其中：长期投资	
年末负债总额		其中：长期负债	

注：本表内容应根据资产负债表和损益表填写，并附在资产负债表之前。

企业法定代表人签名：

年　月　日

提交

图 16.8　经营情况

第十七讲
手机制造企业财务总监管理实务

- -

学习目标

● 财务总监的管理职责；

● 财务总监记账实务；

● 财务总监贷款实务；

● 财务总监转账实务；

● 财务总监纳税实务。

企业财务管理是一个专业性要求非常高的工作，大量业务需要运用系统的财务、会计和审计专业知识进行判断。除此之外，还必须掌握企业计划、价值链管理、产品、人力资源管理等相关专业知识。财务总监不仅要对企业的财务活动的合法性、真实性、有效性等进行监督，而且应对企业会计核算的合规性、真实性、可比性、一致性等进行监督。财务总监在行使对企业筹资、投资、用资、耗资等一系列财务活动的监督职能时，总是要与财务计划、成本控制、会计核算、财务分析等许多财务、会计的具体组织管理工作紧密结合起来，因而财务总监也必然具有一定的管理职能。因此，从普遍意义上说，财务总监是指由企业的所有者或全体所有者代表决定的，体现所有者意志的，全面负责对企业的财务、会计活动进行监督与管理的高级管理人员。

一、财务总监的管理职责

（1）制定该公司的财务目标、政策及操作程序，并根据授权向总经理、董事会报告；

（2）建立健全该公司财务系统的组织结构，设置岗位，明确职责，保障财务会计信息质量，降低经营管理成本，保证信息通畅，提高工作效率；

（3）对该公司的经营目标进行财务描述，为经营管理决策提供依据，并定期审核和计量公司的经营风险，采用有效的措施予以防范；

（4）建立健全该公司内部财务管理、审计制度并组织实施，主持公司财务战略的制定、财务管理及内部控制工作；

（5）协调该公司同银行、工商、税务、统计、审计等政府部门的关系，维护公司利益；

（6）审核财务报表，提交财务分析和管理工作报告；参与投资项目的分析、论证和决策；跟踪分析各种财务指标，揭示潜在的经营问题并提供管理当局决策参考；

（7）确保该公司财务体系的高效运转；组织并具体推动公司年度经营/预算计划程序，包括对资本的需求规划及正常运作；

（8）根据该公司实际经营状况，制订有效的融资策略及计划，利用各种财务手段，确保公司最优资本结构。

财务部的概况如图 17.1 所示。

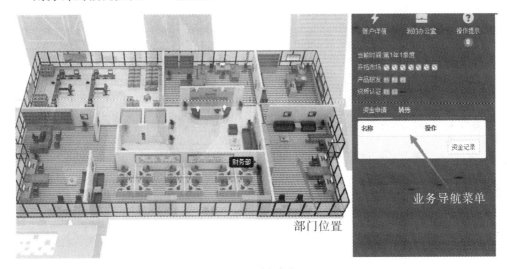

图 17.1　财务部概况

二、财务总监记账实务

在综合实验的平台中，进入"我的办公室"，选择"企业经营管理"，如图17.2 所示。

图 17.2　选择"企业经营管理"

在历史记录管理中，可以查看银行对账单，如图 17.3 所示。

图 17.3　查看银行对账单

所有通过网银自动转账的信息，都可以全面反映，如图 17.4 所示。

第1年1季度四川省华基果科技股份有限公司的对账单

交易日期	处理日期	借方发生额	贷方发生额	账户余额	凭证种类	凭证号	摘要
2017-11-27 08:46:22	第1年1季度		￥10,000,000	￥10,000,000	网银凭证	01	系统注资
2017-11-27 08:48:25	第1年1季度	￥1,020,000		￥8,980,000	网银凭证	02	支付大型厂区合同货款-￥1,020,000
2017-11-27 08:49:29	第1年1季度	￥600,000		￥8,380,000	网银凭证	03	支付大型厂房合同货款-￥600,000
2017-11-27 08:52:23	第1年1季度	￥100,000		￥8,280,000	网银凭证	04	支付研发人员合同货款-￥100,000
2017-11-27 08:52:35	第1年1季度		￥100,000	￥8,380,000	网银凭证	05	教师返放奖励100,000
2017-11-27 08:54:56	第1年1季度	￥1,400,000		￥6,980,000	网银凭证	06	投入H型产品研发研发费用￥1,400,000

图 17.4　网银自动转账信息

在历史记录管理中，可以查看历史合同，如图 17.5 所示。

合同列表

您现在所看到的是：第1年1季度 合同列表
注意：合同到期之后表明了您的军系统购买款销售了什么东西，另不是所购的期限到之后就产生合同

名称	合同签订时间	付款收款时间	到货/交付树间	合同货款	甲方	乙方	操作
大型厂区网房销售合同	第1年1季度	第1年1季度	第1年1季度	1020000	四川省华基果科技股份有限公司	厂区供应商	查看
大型厂房网房销售合同	第1年1季度	第1年1季度	第1年1季度	600000	四川省华基果科技股份有限公司	厂房供应商	查看
研发人员的招募销售合同	第1年1季度	第1年1季度	第1年1季度	100000	四川省华基果科技股份有限公司	人才市场	查看

图 17.5　查看历史合同

在历史记录管理中，可以查看操作记录，相当于企业经营期的决策过程记录流水，如图 17.6 所示。

第1年1季度业务日志

纷看到的这是本系统中你作的相关的财记录流水

名称	产生制间	执行制间	执行人	操作
系统注度	第1年1季度	第1年1季度	廖思	已完成
L型产品研发成功-获得新的工艺清单	第1年1季度	第1年1季度	廖国松	已完成
L型产品研发成功-获得新的研发项目	第1年1季度	第1年1季度	商思	已完成
支付大型厂区合同货款·¥1,020,000	第1年1季度	第1年1季度	廖思	已完成
签收大型厂区	第1年1季度	第1年1季度	廖思	已完成
等待确认组货大型产成品库	第1年1季度	第1年1季度	廖思	已完成
等待确认组货大型原材料库	第1年1季度	第1年1季度	廖思	已完成
支付大型厂房合同货款·¥600,000	第1年1季度	第1年1季度	廖思	已完成
签收大型厂房	第1年1季度	第1年1季度	廖思	已完成

图 17.6　查看操作记录

在历史记录管理中，可以查看相关凭证等，如图 17.7 所示。

四川榆华慧果科技股份有限公司第1年1季度 记账凭证

摘要：系统注册

科目	借	贷
银行存款	10,000,000.00	
实收资本	·	10,000,000.00
借方合计：	10,000,000.00	贷方合计： 10,000,000.00

摘要：支付大型厂区合同货款·¥1,020,000

科目	借	贷
预付地款	1,020,000.00	
银行存款		1,020,000.00
借方合计：	1,020,000.00	贷方合计： 1,020,000.00

图 17.7　查看相关凭证

在历史记录管理中，可以通过查看明细账，查询每一季度的总账概要，如图 17.8 所示。

第1年1季度总账概要

科目	期初余额	期末余额
银行存款	0.00	6,960,000.00
实收资本	0.00	10,000,000.00
创定资产	0.00	1,620,000.00
管理费用	0.00	0.00
营业外收入	0.00	0.00
应付职工薪酬	0.00	100,000.00
应付账款	0.00	310,000.00
本年利润	0.00	0.00

图 17.8　查看明细账

在企业财务管理栏目中，可以填制资产负债表和损益表等，如图 17.9 所示。

图 17.9　单击"企业财务管理"

这是某家企业在第三季度填写的部分资产负债表内容，如图 17.10 所示。

资产负债表（四川省华基果科技股份公司/第 3 期）

资产	年初	期末	负债和所有者权益（或股东权益）	年初	期末
流动资产：	0	0	流动负债：		
货币资金	0	698000	短期借款		
交易性金融资产			交易性金融负债		
应收票据			应付票据		
应收账款			应付账款	0	310000
预付款项			预收款项		
应收利息			应付职工薪酬	0	100000
应收股利			应交税费		
其他应收款			应付利息		
存货			应付股利		
一年内到期的非流动资产			其他应付款		
其他流动资产			一年内到期的非流动负债		
流动资产合计	0	698000	其他流动负债		
非流动资产：			流动负债合计	0	410000
可供出售金融资产			非流动负债：		
持有至到期投资			长期借款		
长期应收款			应付债券		

图 17.10　资产负债表

这是某家企业在第二季度填写的部分损益表内容，如图 17.11 所示。

146

经/管/类/跨/专/业/综/合/仿/真/实/验

损益表 (四川省华基果科技股份有限公司 公司/第 2 期)

项目	本期金额	上期金额
一、营业收入	0	0
减：营业成本	0	0
营业税金及附加	0	0
销售费用	0	0
管理费用	1910000	0
财务费用	0	0
加：公允价值变动收益（损失以"-"号填	0	0

图 17.11 损益表

资产负债表是反映企业在某一特定日期（如月末、季末、年末）全部资产、负债和所有者权益情况的会计报表，是企业经营活动的静态体现，根据"资产＝负债＋所有者权益"这一平衡公式，依照一定的分类标准和一定的次序，将某一特定日期的资产、负债、所有者权益的具体项目予以适当的排列编制而成。它表明权益在某一特定日期所拥有或控制的经济资源、所承担的现有义务和所有者对净资产的要求权。它是一张揭示企业在一定时点财务状况的静态报表。

损益表是用以反映公司在一定期间实现利润（或发生亏损）的财务报表。损益表可以为报表的阅读者提供做出合理的经济决策所需要的有关资料，可用来分析利润增减变化的原因，公司的经营成本，并做出投资价值评价。损益表的项目，按利润构成和分配分为两个部分。其利润构成部分先列示销售收入，然后减去销售成本得出销售利润，再减去各种费用后得出营业利润（或亏损），再加减营业外收入和支出后，即为利润（亏损）总额。利润分配部分先将利润总额减去应交所得税后得出税后利润，然后即为按分配方案提取的公积金和应付利润；如有余额，即为未分配利润。损益表中的利润分配部分如单独划出列示，则为"利润分配表"。

资产负债表和损益表需要财务总监每个季度及时、如实、正确填制，并提交会计师事务所审核，市场监督管理局（原工商局）、税务局、银行可以根据工作需要，在综合实验平台中查阅企业提交的财务报表数据。

三、财务总监贷款实务

企业经营过程中，出于生产运营的需要会向银行借入部分款项，此时需要企业财务部人员去银行办理相应业务。需点击"实习导航"，如图 17.12 所示。

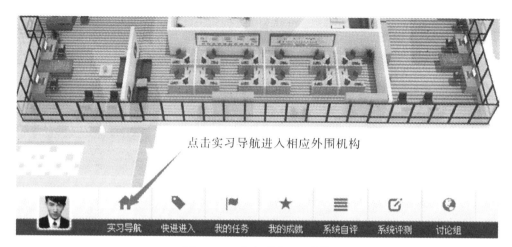

点击实习导航进入相应外围机构

图 17.12　点击"实习导航"

进入银行后，通过导航选择相应业务按流程逐一办理，如图 17.13 所示。

图 17.13　进入"银行"界面

财务总监向银行申请贷款时，要填写贷款申请书，如图 17.14 所示。

图 17.14　填写贷款申请书

银行贷款专员会对企业资信展开调查，企业根据银行贷款政策，填写贷款合同，获得银行贷款，如表 17.1 所示。

表 17.1　　　　　　　　　　人民币资金借贷合同

项目：	公司抵押贷款		
合同编号：	YH00000001		
贷款种类：	短期贷款		
借贷人（甲方）：	北京友好科技有限公司		
住址：	北京市海淀区苏州街	邮编：	100080
法定代表人：	张爱国		
传真：	010-88888888	电话：	010-99999999
贷款人（乙方）：	北京市商业银行		
住址：	北京市海淀区		
负责人：	贾爱国	邮编：	100080
传真：	010-66666666	电话：	010-33333333
借款金额：	3 000 000		
借款用途：	购置基础设施		

表17.1(续)

借款期限：	3	借款利率：	28
贷款种类：	短期抵押贷款		
违约责任：	拍卖抵押物		
罚金利率：	50		

说明：贷款种类，长期贷款、短期贷款。

在填写贷款合同时，需要企业如实填写贷款人信息，注意：

贷款金额为正整数，如表格中的 3 000 000，代表企业向银行借款 300 万元。

贷款期限为正整数，如表格中的 3，代表企业向银行借款期限为 3 个季度。

借款利率和罚金利率均为正整数，如表格中的 28，代表借款利率为季度千分之二十八的意思。

贷款种类按期限分有长期贷款和短期贷款；按贷款性质分有抵押贷款、质押贷款和信用贷款。

财务总监贷款成功后，会在当季度收到操作提示，签收银行贷款，并在每个季度自动扣除贷款利息。

四、财务总监转账业务实务

处理企业经营过程中的应付款项时会涉及该笔业务。流程如图 17.15 所示。

图 17.15　财务部转账业务的操作指示

点击转账按钮，弹出要填写的转账信息，选择转账对象的组织名称、输入转账金额，按流程操作提交即可实现转账。

五、财务总监纳税业务实务

企业在模拟经营过程中，每个季度主动向国家税务局申报增值税，每年度主动向国家税务局申报所得税。此时需要财务总监去国家税务局办理相应业务。

在办公区选择实习导航，进而依次选择国家税务局、纳税申报、国税，如图17.16所示。

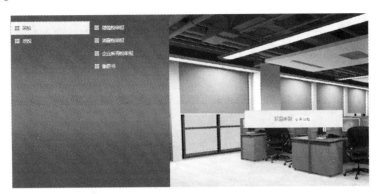

图 17.16　办理相关纳税业务

如果申报增值税，可以选择增值税申报，如图17.17所示。

增值税纳税申报表（适用于一般纳税人）

根据《中华人民共和国增值税暂行条例》第二十二条和第二十三条的规定制定本表，纳税人不论有无销售额，均应按主管税务机关核定的纳税期限按期填报本表，并于次月一日起十日内，向当地税务机关申报。

税款所属时间：自	2 年 4 月 2 日 至 月 日		填表日期：2 年 7 月 1 日			金额单位：元至角分	
社会信用代码	66700900303526000		所属行业		制造业		
纳税人名称	成都火箭科技有限公司	法定代表人姓名	唐凯吉	注册地址	成都市温江区	营业地址	成都市温江区
开户银行及账号	四川商业银行6553509570856 13006		企业登记注册类型	有限责任公司	电话号码	15184305584	
项目		栏次	一般货物及劳务		即征即退货物及劳务		
			本月数	本年累计	本月数	本年累计	
（一）按适用税率征税货物及劳务销售额		1	17,190,058.00	17,190,058.00			
其中：应税货物销售额		2					
应税劳务销售额		3					

图 17.17　增值税纳税申报表

申报所得税，可以选择企业所得税申报，填写企业所得税纳税申报主表。

纳税申报工作可以由财务总监独立完成，也可以和会计师事务所合作，由会计师事务所代办，税务局会对财务总监展开增值税与所得税纳税申报表的填写培训，并对各企业开展季度纳税先锋和纳税大户等奖项的评比，财务总监可以在纳税申报工作中，积极争取这些奖项。

税务局也会适时推出各种税收优惠政策，财务总监需要在工作中留心税务局相关税收优惠政策的发布与执行，积极响应税收优惠政策，为企业做好税务筹划。

第十八讲
市场监督管理局（原工商局）业务实务

学习目标

● 市场监督管理局（原工商局）的主要职责；

● 商标注册实务；

● 企业变更登记实务；

● 企业分公司登记实务；

● 企业注销登记事务；

● 企业年检实务；

● 监督投诉实务；

● 查看企业财务报表；

● 其他业务种类。

市场监督管理局（原工商局）是政府主管市场监管和行政执法的工作部门。2018年3月，根据第十三届全国人民代表大会第一次会议批准的国务院机构改革方案，方案提出，将国家工商行政管理总局的职责，国家质量监督检验检疫总局的职责，国家食品药品监督管理总局的职责，国家发展和改革委员会的价格监督检查与反垄断执法职责，商务部的经营者集中反垄断执法以及国务院反垄断委员会办公室的职责整合，组建国家市场监督管理总局，作为国务院直属机构。

一、市场监督管理局（原工商局）的主要职责

（1）负责市场监督管理和行政执法的有关工作，起草有关法律法规草案，制定工商行政管理规章和政策。

（2）负责各类企业、农民专业合作社和从事经营活动的单位、个人以及外国（地区）企业常驻代表机构等市场主体的登记注册及监督管理，依法查处取缔无照经营的企业。

（3）依法规范和维护各类市场经营秩序，负责监督管理市场交易行为和网络商品交易及有关服务行为。

（4）监督管理流通领域商品质量，组织开展有关服务领域消费维权工作，按分工查处制造、销售假冒伪劣产品等违法行为，指导消费者咨询、申诉，保护经营者、

消费者合法权益。

（5）查处违法直销和传销案件，依法监督管理直销企业和直销员及其直销活动。

（6）负责垄断协议、滥用市场支配地位、滥用行政权力排除限制竞争方面的反垄断执法工作（价格垄断行为除外）。依法查处不正当竞争、商业贿赂、走私贩私等经济违法行为。

（7）负责依法监督管理经纪人、经纪机构及经纪活动。

（8）依法实施合同行政监督管理，负责管理动产抵押物登记，组织监督管理拍卖行为，负责依法查处合同欺诈等违法行为。

（9）指导广告业发展，负责广告活动的监督管理工作。

（10）负责商标注册和管理工作，依法保护商标专用权和查处商标侵权行为，处理商标争议事宜，加强驰名商标的认定和保护工作。负责特殊标志、官方标志的登记、备案和保护。

（11）组织指导企业、个体工商户、商品交易市场信用分类管理，研究分析并依法发布市场主体登记注册基础信息、商标注册信息等，为政府决策和社会公众提供信息服务。

（12）负责个体工商户、私营企业经营行为的服务和监督管理。

（13）开展工商行政管理方面的国际合作与交流。

（14）领导全国工商行政管理业务工作。

（15）承办国务院交办的其他事项。

下面我们结合综合实验平台的软件环境，学习工商局（现已更名为市场监督管理局）业务实务操作。

二、企业设立登记注册

关于企业在市场监督管理局（原工商局）申办的设立登记工作，大家可以参考第 6 讲和第 7 讲的内容，这里不再赘述。

三、商标注册实务

商标注册，是指商标所有人为了取得商标专用权，将其使用的商标，依照国家规定的注册条件、原则和程序，向商标局提出注册申请，商标局经过审核，准予注册的法律事实。

商标就是商品的品牌，是商品的生产者和经营者为了使自己生产或经营的商品同其他商品生产者或者经营者生产或经营的商品区别开来而使用的一种标记。这种标记通常由文字、图形英文、数字的组合构成。很多电子品牌商标，就是文字商标；奔驰汽车的奔驰商标（一个三角形外套圆环）是图形商标；凤凰自行车厂的"凤凰""商标"，由文字"凤凰"和凤凰鸟的图形组合而成，即是文字和图形的组合商标。

在中国，商标注册是商标得到法律保护的前提，是确定商标专用权的法律依据。商标使用人一旦获准商标注册，就标志着它获得了该商标的专用权，并受到法律的保护。

　　进入"商标注册申请书"界面，将看到各企业的商标注册申请书，如图 18.1 所示。

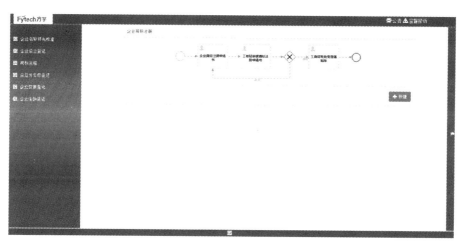

图 18.1　进入"商标注册申请书"界面

　　查看企业的"商标注册申请书"，审核不通过，点击驳回按钮，填写驳回理由，如图 18.2 所示。

图 18.2　驳回"商标注册申请书"

　　市场监督管理局（原工商局）审核结果为通过，点击"通过"按钮，填写受理通知单，并处理纸质版"商标注册申请书"，如图 18.3 所示。

经／管／类／跨／专／业／综／合／仿／真／实／验

图 18.3　通过"商标注册申请书"

完成商标注册审核。发放准予通知（电子版和纸质版），如图 18.4 所示。

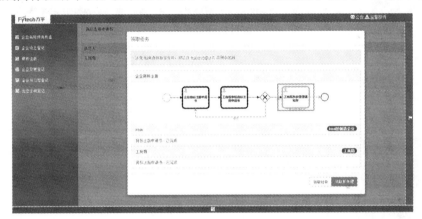

图 18.4　发放准予通知

3. 企业变更登记

市场监督管理局（原工商局）单击左侧二级菜单"企业变更登记"如图 18.5 所示。

图 18.5　单击"企业变更登记"

点击企业变更登记申请书，将看到企业发过来的变更登记申请书并审核，如图18.6 所示。

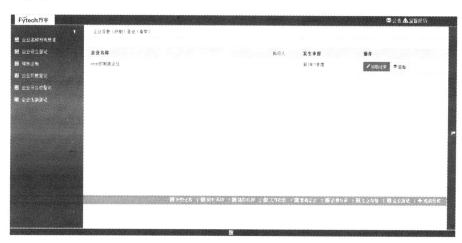

图18.6 查看企业变更登记申请书

点击审核，市场监督管理局（原工商局）根据对企业变更登记申请书审核的情况可以选择通过或是驳回，如图18.7 所示。

审核成功后还需要填写纸质版"企业变更登记"。

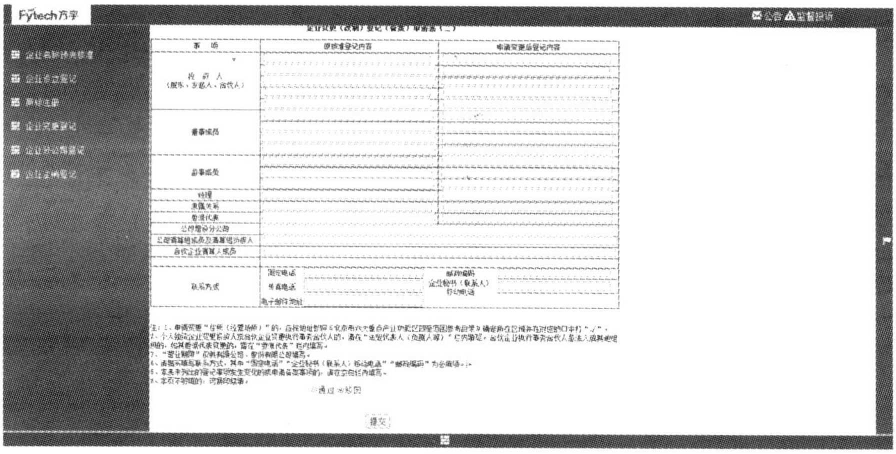

图18.7 审核企业变更申请书

企业法定代表人登记、核发情况等变更登记审核同企业变更登记申请书的审核过程相同。

4. 企业分公司登记

市场监督管理局（原工商局）可对企业分公司的登记情况进行审核，根据审核结果选择"通过"或是"驳回"，审核过程同企业变更登记相同，如图18.8、图18.9 所示。

图 18.8　点击"分公司登记申请书"

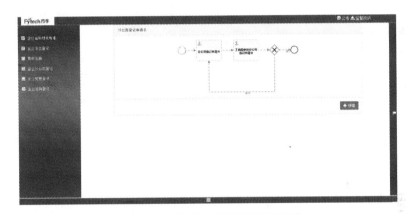

图 18.9　审核"分公司登记申请书"

5. 企业注销登记

市场监督管理局（原工商局）可对企业注销登记进行审核，包括对企业注销登记申请书、指定委托书等的审核，审核过程同企业变更登记相同，如图 18.10、图 18.11 所示。

图 18.10　点击"企业注销登记申请书"

157

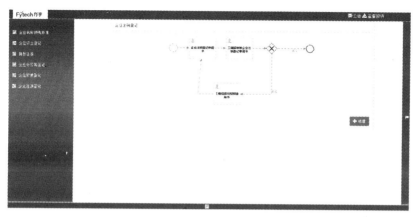

图 18.11　审核"企业注销登记申请书"

6. 企业年检

企业年度检验是指工商行政管理机关依法按年度对企业进行检查，确认企业继续经营资格的法定制度。

（1）年检的范围

凡领取中华人民共和国企业法人营业执照、中华人民共和国营业执照、企业法人营业执照、营业执照的有限责任公司及其分公司、股份有限公司、非公司企业法人和其他经营单位，均须参加年检。

当年设立登记的企业，自下一年起参加年检。

（2）年检的时间

根据《企业年度检验办法》第五条的规定，年检起止日期为每年的 3 月 1 日至 6 月 30 日。登记主管机关在规定的时间内，对企业上一年度的情况进行检查。企业应当于 3 月 15 日前向登记主管机关送报年检材料。

（3）年检的主要内容

①企业登记事项执行和变动的情况；

②股东或者出资人的出资或提供合作条件的情况；

③企业对外投资情况；

④企业设立分支机构情况；

⑤企业生产经营情况。

（4）企业年检审核内容

每年的工商年检都各个公司都需要认真准备，下面列出工商年检中重点审查的内容，帮助公司企业树立正确的年检准备思路。

①两年内有不良行为记录；

②营业执照期限届满；

③上年度未参加验照；

④经营场所查无；

⑤未取得专项许可（审批）或许可（审批）失效；

⑥多次被消费者投诉（举报）；

⑦案件未办结；

⑧改变其他登记事项未办理变更登记。

在综合实验平台中，完成企业年检的步骤如下：

●点击"企业年检"，如图 18.12 所示。

图 18.12　点击"企业年检"

●获取任务并审核企业的年检报告书，如图 18.13、图 18.14 所示。

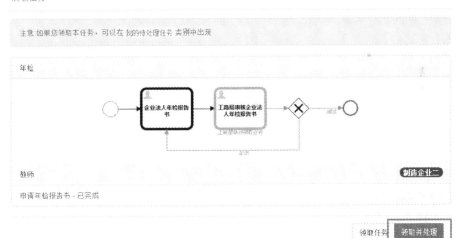

图 18.13　领取任务

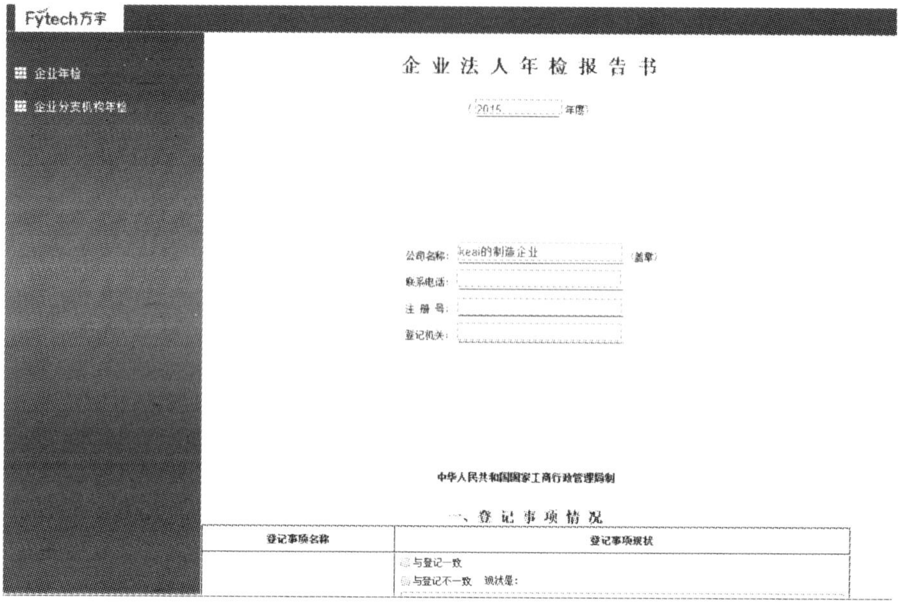

图 18.14　审核年检报告书

●驳回填写不规范的年检报告书，如图 8.15 所示。

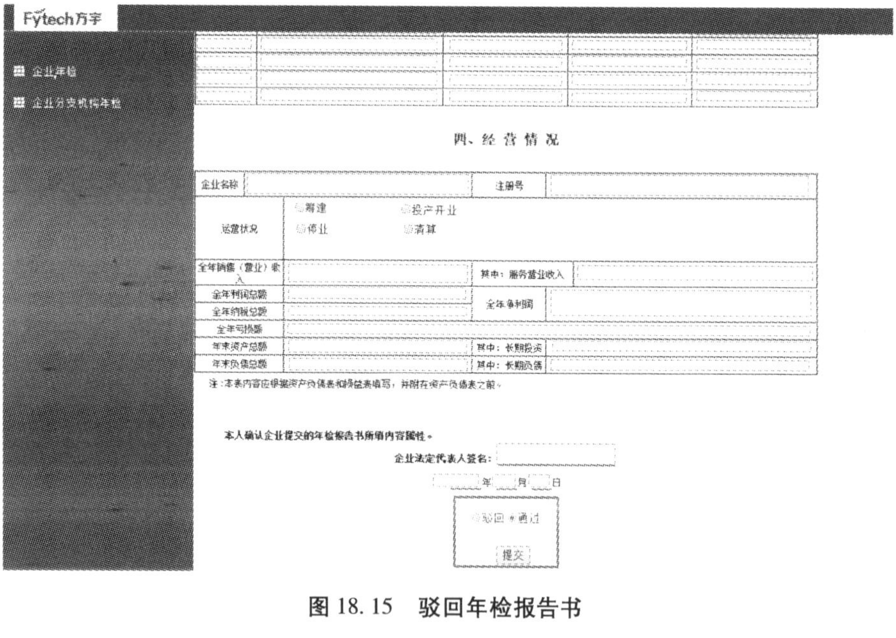

图 18.15　驳回年检报告书

　　市场监督管理局（原工商局）在审核企业提交的年检报告书时，需要结合财务系统的资产负债表和损益表的相关信息，认真督查。市场监督管理局（原工商局）审核完成后在营业执照副本加盖年检公章（线下完成）。

7. 监督投诉

（1）审核举报登记单

对企业填写的举报登记单进行审核，核实举报信息，给予通过、驳回或拒绝执行处理。例如：申请一个流程之后，再点击投诉，并且要写明理由，如图 18.16、图 18.17 所示。最后在待处理任务处理举报登记单，如图 18.18 所示。

图 18.16　点击"投诉"

图 18.17　写明投诉理由

图 18.18　处理举报登记单

姓　名: keai　　　　　　　　　　　性别: ⦿男　　○女

联系电话: 136********

电子邮箱: **@mail.com

通讯地址:

密码设置: 1

确认密码: 1

被举报方信息

名　称: 北京工商局

地　址:

联系电话:

举报人要求

奖　励: ⦿是　　　　○否

保　密: ⦿是　　　　○否

回　置: ⦿是　　　　○否

*是否愿意协助调查: ○是　　　○否

举报内容

简要情况:

看他不爽，这个理由不充分。

○通过　○驳回　⦿拒绝执行

提交

图 18.19　给予通过、驳回或拒绝执行处理

（2）审核申诉登记单

流程跟踪图如图 18.20 所示。

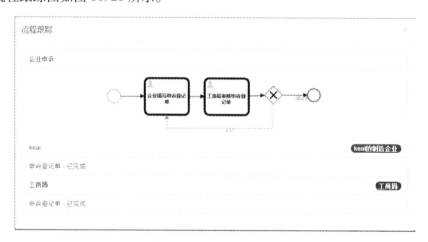

图 18.20　流程跟踪图

企业到市场监督管理局（原工商局）申请申诉登记单，如图 18.21 所示。

市场监督管理局（原工商局）审核申诉登记单，如图 18.22 所示。

经／管／类／跨／专／业／综／合／仿／真／实／验

图 18.21　申请申诉登记单

图 18.22　审核申诉登记单

8. 查看企业财务报表

可查看每个企业各个季度编制的资产负债表及利润表，如图 18.23 所示。

图 18.23　查看企业财务报表

9. 其他业务种类

在综合实验平台的班级环境中，市场监督管理局（原工商局）还需要分担的管理任务有：

●监管企业用章；

●监督企业用人制度（合同规范性、工资水平与机构的合理性）；

●负责定期通报企业市场投资情报；

●负责企业文化建设工作的活动策划、组织与评奖；

●负责定期通报企业销售大亨的评选结果。

第十九讲
税务局业务实务

学习目标

● 发票领购实务；

● 增值税纳税申报实务；

● 企业年度的所得税申报实务；

● 企业经营查看实务；

● 纳税辅导实务；

● 其他业务种类。

税务局是主管税收工作的政府机构。2018 年 3 月，国税地税机构合并后，实行以国家税务总局为主与省（自治区、直辖市）政府双重领导的管理体制。

一、发票领购

发票是最基本的会计原始凭证之一，是税务机关控制税源，征收税款的重要依据，也是国家监督经济活动，维护经济秩序，保护国家财产安全的重要手段。税务机关是发票主管机关，管理和监督发票的印制、领购、开具、取得、保管、缴销。单位、个人在购销商品，提供或者接受经营服务以及从事其他经营活动中，应当按照规定开具、使用、取得发票。

发票的种类：普通发票和增值税专用发票。

普通发票：主要由营业税纳税人和增值税小规模纳税人使用，增值税一般纳税人在不能开具专用发票的情况下也可以使用普通发票。普通发票由行业发票和专用发票组成。前者适用于某个行业和经营业务，如商业零售统一发票、商业批发统一发票、工业企业产品销售统一发票等；后者仅适用于某一经营项目，如广告费用结算发票、商品房销售发票等。

增值税专用发票是我国实施新税制的产物，是国家税务部门根据增值税征收管理需要而设定的，专门用于纳税人销售或者提供增值税应税项目的一种发票。

专用发票既具有普通发票所具有的内涵，同时还有比普通发票更特殊的作用。它不仅是记载商品销售额和增值税税额的财务收支凭证，而且是兼记销货方纳税义务和购货方进项税额的合法证明，是购货方据以抵扣税款的法定凭证，对增值税的计算起着关键性作用。

在综合实验软件平台中，企业向税务局领购发票的方法是：企业通过实习导航，进入税务局。企业进入发票领购界面，点击发票领购申请表，并带上纸质单据到税务局等待审批，如图 19.1 所示。

图 19.1　企业领购发票

发票领购申请流程图如图 19.2 所示。

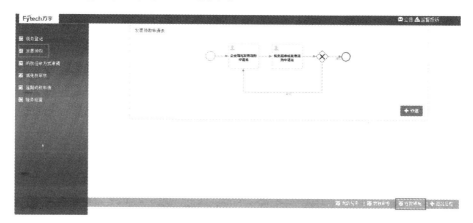

图 19.2　发票领购申请流程图

税务局的同学们依次单击行政审批、发票领购、发票领购申请表，领取任务，如图 19.3、图 19.4 所示。

图 19.3　领取任务

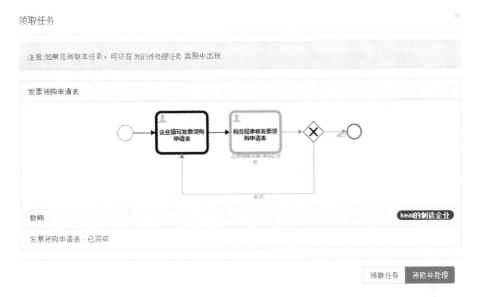

图 19.4　领取并处理任务

审核确认信息无误后，填写相关意见，点击提交并处理纸质版申请，如图 19.5 所示。

发票领购申请表

| 纳税人识别号： | 4 | 1 | 1 | 9 | 1 | 4 | 5 | 1 | 8 | 5 | 1 | 2 | 9 | 5 |

纳税人（扣缴义务人）名称：　王菲达

纳税人名称	王菲达		经营地址	北京市海淀区	
经济类型		经办人	王菲达	电话	XXXXXXXXXX
经营范围	手机制造		经办人身份证号	XXXXXXXXXXXXXXXXXX	
发票名称	规格	联次	数量	每月用量	购票方式
xx发票		xx次	xx	xx	xx
发票专用章印模					
申请理由	生产需要				
	填表人：王菲达			xxxx 年 xx 月 xx 日	

以 下 由 税 务 机 关 填 写

发票保证金(元)		保证金收据号	
受理初审意见	资格认定调查意见		审核批准意见
受理人：　　年　月　日	征管所长：　　年　月　日		批准人：　　年　月　日
请选择其中的一种打"√"	● 通过　○ 驳回		

提交　　打印

图 19.5　审核发票领购申请表信息

办理此业务时，须同时核对企业携带的发票领购申请表。

2. 纳税申报实务

点击纳税申报进入相应界面，如图 19.6 所示。

图 19.6　进入纳税申报界面

（1）国税

国税：审核企业填写的增值税申报表和企业年度所得税纳税申报表

①增值税纳税申报：增值税是对销售货物或者提供加工、修理修配劳务以及进口货物的单位和个人就其实现的增值额征收的一个税种。增值税已经成为中国最主要的税种之一。

一般纳税人的增值税计算可以参照以下公式：

计算公式为：应纳税额＝当期销项税额－当期进项税额

销项税额＝销售额×税率

销售额＝含税销售额÷（1＋税率）

销项税额：纳税人提供应税服务按照销售额和增值税税率计算的增值税额。

进项税额：纳税人购进货物或者接受加工修理修配劳务和应税服务，支付或者负担的增值根据《中华人民共和国增值税暂行条例》《财政部、国家税务总局关于部分货物适用增值税低税率和简易办法征收增值税政策的通知》：

一般纳税人适用的增值税税率有：16%，10%，6%。

适用 13%税率：销售货物或者提供加工、修理修配劳务以及进口货物等。

适用 9%税率：交通运输业、建筑、基础电信服务等。

适用 6%税率：提供现代服务业服务（有形动产租赁服务除外）等；

适用 0%税率：出口货物等特殊业务。

增值税纳税申报表记录了企业的收入、采购金额，也记录了企业增值税销售、进项、应交税额。

增值税纳税申报表的填写方法具体如下。

数据区域分为：一般项目、即征即退项目两个类型，下面分别记录手机制造企业本季度累计数额。一般项目：普通的货物、劳务销售，且进行增值税缴纳的项目。即征即退项目：先向税务机关缴纳增值税，再由税务机关退还增值税的项目，如图19.7 所示。

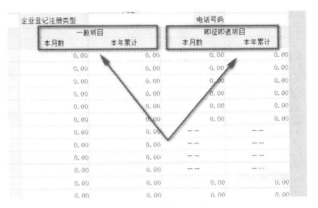

图 19.7 数据区域

第一部分主要看第一栏，第一栏列示劳务、货物、免税收入的总金额，如图19.8 所示。

图 19.8 申报表第一部分第一栏

申报表的第一部分为：销售额。

销售额分别记录劳务、货物、免税收入。

栏次：1~10 栏，如图 19.9 所示。

图 19.9 申报表第一部分

报表第二部分为：税款计算。栏次：11~24栏，如图19.10所示。

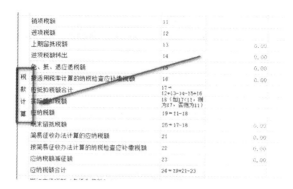

图 19.10　申报表第二部分

第二部分（图 19.11）主要看以下栏次：

第 11 栏：销项税额，记录企业销售收入的税额。

第 12 栏：进项税额，记录企业采购物资，收取的专用发票上的税额。

第 13 栏：上期留抵税额，记录上个月未抵扣完的税额。

第 14 栏：进项税额转出，记录企业收取的专用发票中不得抵扣的税额。

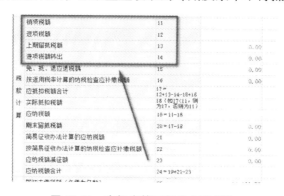

图 19.11　申报表第二部分主要栏次

第 24 栏：应纳税额合计，记录销项税额与进项税额的差额，如图 19.12 所示。

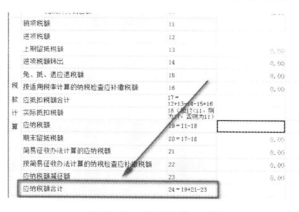

图 19.12　申报表第 24 栏

申报表第三部分，也是增值税报表最后一部分为：税款缴纳。这一部分记录企业最后应缴纳的增值税，如图 19. 13 所示。

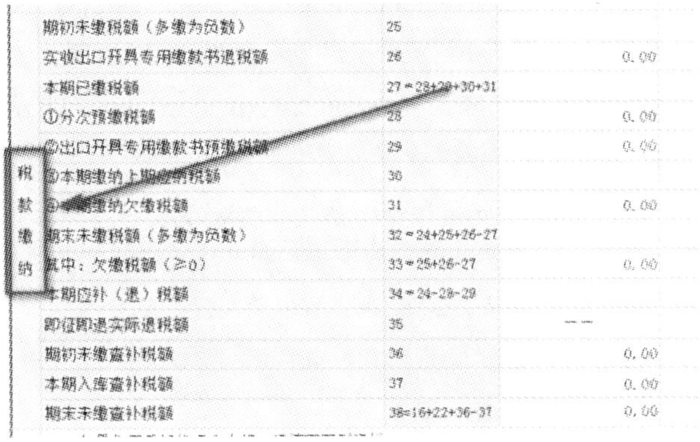

税款缴纳	期初未缴税额（多缴为负数）	25	
	实收出口开具专用缴款书退税额	26	0.00
	本期已缴税额	27=28+29+30+31	
	①分次预缴税额	28	0.00
	②出口开具专用缴款书预缴税额	29	0.00
	③本期缴纳上期应纳税额	30	
	④本期缴纳欠缴税额	31	0.00
	期末未缴税额（多缴为负数）	32=24+25+26-27	
	其中：欠缴税额（≥0）	33=25+26-27	0.00
	本期应补（退）税额	34=24-28-29	
	即征即退实际退税额	35	——
	期初未缴查补税额	36	0.00
	本期入库查补税额	37	0.00
	期末未缴查补税额	38=16+22+36-37	0.00

图 19. 13　申报表第三部分

第三部分主要看以下栏次：第 25 栏、第 27 栏、第 34 栏，如图 19. 14 所示。

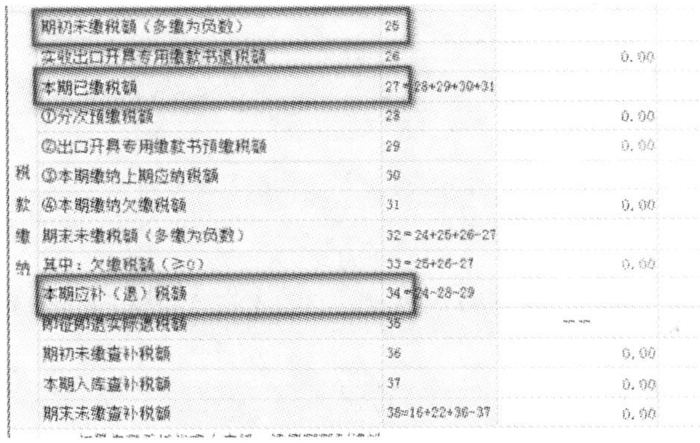

税款缴纳	期初未缴税额（多缴为负数）	25	
	实收出口开具专用缴款书退税额	26	0.00
	本期已缴税额	27=28+29+30+31	
	①分次预缴税额	28	0.00
	②出口开具专用缴款书预缴税额	29	0.00
	③本期缴纳上期应纳税额	30	
	④本期缴纳欠缴税额	31	0.00
	期末未缴税额（多缴为负数）	32=24+25+26-27	
	其中：欠缴税额（≥0）	33=25+26-27	0.00
	本期应补（退）税额	34=24-28-29	
	即征即退实际退税额	35	——
	期初未缴查补税额	36	0.00
	本期入库查补税额	37	0.00
	期末未缴查补税额	38=16+22+36-37	0.00

图 19. 14　申报表第三部分主要栏次

第 25 栏：期初未缴税额，记录企业上个月应缴税款金额。

第 27 栏：本期已缴税额，记录企业本月扣缴上个月的税款金额。

第 34 栏：本月应补（退）税额。

当 34 栏金额为正数时：反映企业本月应缴纳的税款。

当 34 栏金额为负数时：反映企业进项税款未抵扣完，留存至下个月可以继续抵扣的税额。

当 34 栏金额为 0 时：反映企业无须缴纳增值税，也无留抵的增值税。

2. 所得税纳税申报表的填写

企业所得税是对我国内资企业和经营单位的生产经营所得和其他所得征收的一种税。纳税人范围比公司所得税大。企业所得税纳税人即所有实行独立经济核算的中华人民共和国境内的内资企业或其他组织，包括以下六类：①国有企业；②集体企业；③私营企业；④联营企业；⑤股份制企业；⑥有生产经营所得和其他所得的其他组织。企业所得税的征税对象是纳税人取得的所得，包括销售货物所得、提供劳务所得、转让财产所得、股息红利所得、利息所得、租金所得、特许权使用费所得、接受捐赠所得和其他所得。

企业在填报企业所得税年度纳税申报表主表时，应该根据《中华人民共和国企业所得税法》及其实施条例（以下简称税法）、相关税收政策，以及国家统一会计制度的规定，计算填报纳税人利润总额、应纳税所得额、应纳税额和附列资料等有关项目，如图 19.15、图 19.16、图 19.17 所示。

企业所得税年度纳税申报表主表

税款所属时间：　　年　　月　　日至　　年　　月　　日

纳税人识别号　　　　　　　　　　　　　　　　　　金额单位：元至角分

纳税人名称：

类别	行次	项目	金额
利润总额计算	1	一、营业收入（填附表一）	
	2	减：营业成本（填附表三）	
	3	营业税金及附加	
	4	销售费用（填附表二）	
	5	管理费用（填附表二）	
	6	财务费用（填附表二）	
	7	资产减值损失	
	8	加：公允价值变动收益	
	9	投资收益	
	10	二、营业利润	
	11	加：营业外收入（填附表一）	
	12	减：营业外支出（填附表二）	

图 19.15　企业所得税年度纳税申报表主表第 1～12 行

填报说明：

第 1 行"营业收入"：填报纳税人主要经营业务和其他经营业务取得的收入总额。

第 2 行"营业成本"项目：填报纳税人主要经营业务和其他经营业务发生的成本总额。

第 3 行"营业税金及附加"：填报纳税人经营活动发生的增值税、消费税、城市维护建设税、资源税、土地增值税和教育费附加等相关税费。本行根据纳税人相关会计科目填报。纳税人在其他会计科目核算的本行不得重复填报。

第 4 行"销售费用"：填报纳税人在销售商品和材料、提供劳务的过程中发生的各种费用。

第 5 行"管理费用"：填报纳税人为组织和管理企业生产经营发生的管理费用。

第 6 行"财务费用"：填报纳税人为筹集生产经营所需资金等发生的筹资费用。

第 7 行"资产减值损失"：填报纳税人计提各项资产准备发生的减值损失。

第 8 行"公允价值变动收益"：填报纳税人在初始确认时划分为以公允价值计量且其变动计入当期损益的金融资产或金融负债，以及采用公允价值模式计量的投资性房地产、衍生工具和套期业务中公允价值变动形成的应计入当期损益的利得或损失。损失以"-"号填列。

第 9 行"投资收益"：填报纳税人以各种方式对外投资确认所取得的收益或发生的损失。损失以"-"号填列。

第 10 行"营业利润"：填报纳税人当期的营业利润。根据上述项目计算填列。

第 11 行"营业外收入"：填报纳税人取得的与其经营活动无直接关系的各项收入的金额。

第 12 行"营业外支出"：填报纳税人发生的与其经营活动无直接关系的各项支出的金额。

	13	三、利润总额（10+11-12）	
应纳税所得额计算	14	加：纳税调整增加额（填附表三）	
	15	减：纳税调整减少额（填附表三）	
	16	其中：不征税收入	
	17	免税收入	
	18	减计收入	
	19	减、免税项目所得	
	20	加计扣除	
	21	抵扣应纳税所得额	
	22	加：境外应税所得弥补境内亏损	
	23	纳税调整后所得（13+14-15+22）	
	24	减：弥补以前年度亏损（填附表四）	
	25	应纳税所得额（23-24）	
	26	税率（25%）	
	27	应纳所得税额（25×26）	

图 19.16　企业所得税年度纳税申报表主表第 13~27 行

第 13 行"利润总额"：填报纳税人当期的利润总额。根据上述项目计算填列。

第 14 行"纳税调整增加额"：填报纳税人会计处理与税收规定不一致，进行纳税调整增加的金额。

第 15 行"纳税调整减少额"：填报纳税人会计处理与税收规定不一致，进行纳税调整减少的金额。

第 16~21 行"免税、减计收入及加计扣除后的应纳税所得额"：填报属于税法规定免税收入、减计收入、加计扣除金额后的应纳税所得额。

第 22 行"境外应税所得抵减境内亏损"：填报纳税人根据税法规定，选择用境外所得抵减境内亏损的数额。

第 23 行"纳税调整后所得"：填报纳税人经过纳税调整、税收优惠、境外所得计算后的所得额。

第 24 行"弥补以前年度亏损"：填报纳税人按照税法规定可在税前弥补的以前年度亏损的数额，本行根据企业所得税弥补亏损明细表填报。

第 25 行"应纳税所得额"：金额等于本表第 19 行金额减第 20 行金额减第 21 行金额减第 22 行金额的计算结果。本行不得为负数。本表第 19 行或者按照上述行次顺序计算结果本行为负数，本行金额填零。

第 26 行"税率"：填报税法规定的税率 25%。

第 27 行"应纳所得税额"：金额等于本表第 23 行金额乘以第 24 行金额的数值。

	28	减：减免所得税额（填附表五）	
	29	减：抵免所得税额（填附表五）	
	30	应纳税额（27-28-29）	
	31	加：境外所得应纳所得税额（填附表六）	
应纳税额计算	32	减：境外所得抵免所得税额（填附表六）	
	33	实际应纳所得税额（30+31-32）	
	34	减：本年累计实际已预缴的所得税额	
	35	其中：汇总纳税的总机构分摊预缴的税额	
	36	汇总纳税的总机构财政调库预缴的税额	
	37	汇总纳税的总机构所属分支机构分摊的预缴税额	
	38	合并纳税（母子体制）成员企业就地预缴比例	
	39	合并纳税企业就地预缴的所得税额	
	40	本年应补（退）的所得税额（33-34）	
附列资料	41	以前年度多缴的所得税额在本年抵减额	
	42	以前年度应缴未缴在本年入库所得税额	

纳税人声明：此纳税申报表是根据《中华人民共和国企业所得税暂行条例》及其实施细则和国家有关税收规定填报的，是真实的、完整的。

法定代表人（签字）：☐☐☐☐☐ ☐年 ☐月 ☐日

纳税人公章：	代理申报中介机构公章：	主管税务机关受理专用章：
经办人：	经办人执业证件号码：	受理人：
申报日期：☐年☐月☐日	代理申报日期：☐年☐月☐日	受理日期：☐年☐月☐日

图 19.17　企业所得税年度纳税申报表主表第 28~42 行

第 28 行"减免所得税额"：填报纳税人按税法规定实际减免的企业所得税额。本行通过"减免所得税优惠明细表"（A107040）填报。

第 29 行"抵免所得税额"：填报企业当年的应纳所得税额中抵免的金额。本行通过"税额抵免优惠明细表"填报。

第 30 行"应纳税额"：金额等于本表第 27 行金额减第 28 行金额减第 29 行金额的数值。

第 31 行"境外所得应纳所得税额"：填报纳税人来源于中国境外的所得，按照我国税法规定计算的应纳所得税额。本行通过"境外所得税收抵免明细表"填报。

第 32 行"境外所得抵免所得税额"：填报纳税人来源于中国境外所得依照中国境外税收法律以及相关规定应缴纳并实际缴纳（包括视同已实际缴纳）的企业所得税性质的税款（准予抵免税款）。本行通过"境外所得税收抵免明细表"填报。

第 33 行"实际应纳所得税额"：填报纳税人当期的实际应纳所得税额。金额等于本表第 30 行金额加第 31 行金额减第 32 行金额的数值。

第 34 行"本年累计实际已预缴的所得税额"：填报纳税人按照税法规定本纳税年度已在月（季）度累计预缴的所得税额。

第 35~39 行：关于汇总纳税和合并纳税的分摊与预缴。这一部分根据《企业所得税法》和国税总局对汇总纳税和合并纳税的相关法规填报。

第 40 行"本年应退补的所得额"：金额等于本表第 33 行金额减第 34 行金额的数值。

第 41 行"以前年度多缴的所得税额在本年抵减额"：填报纳税人以前纳税年度汇算清缴多缴的税款尚未办理退税、并在本纳税年度抵缴的所得税额。

第 42 行"以前年度应缴未缴在本年入库所得额"：填报纳税人以前纳税年度应缴未缴在本纳税年度入库所得税额。

税务局审核企业纳税申报的业务界面如图 19.18 所示。

图 19.18　审核企业纳税申报界面

税务局点击增值税纳税申报表进行查看，符合条件给予通过，并处理纸质版单据，如图 19.19 所示、图 19.20 所示。

图 19.19　查看增值税纳税申报表

图 19.20　领取并处理任务

如企业填写不符合规范，税务局给予驳回，企业修改再次提交，税务局再次审核，如图 19.21 所示。

注意:如果您领取本任务,可以在 我的待处理任务 类别中出现

增值税纳税申报表

企业填写增值税纳税申报表 → 税务局审核增值税纳税申报表 → ✕

| 教师 | kea的制造企业 |

增值税纳税申报表 - 等待处理 | 点击领取任务 |

| 教师 | 北京税务局 |

增值税纳税申报表 - 已完成

领取任务 领取并处理

图 19.21 审核增值税纳税申报表流程图

企业填写国税缴款书,提交税务局审核,通过后,税务局完成扣税操作。

办理以上业务时,须同时核对企业所携带的增值税纳税申报表。

当企业填写完企业增值税或是企业所得税款后,务必填写缴款书,并由税务局核对。

4. 企业经营查看

企业经营查看如图 19.22 所示。

图 19.22 企业经营查看

● 营业执照模块可以查看各公司的营业执照。

● 业务数据模块可以查看年度经营情况汇总。

● 财务报表查看模块可以查看有关各个公司的财务情况。

5. 纳税辅导

（1）查看单据

●在查看单据界面，税务局可以查看税务登记和发票领购的相关表格样本，如图 19.23 所示。

图 19.23 查看单据界面

（2）税务流程

税务局可以根据市场发展需求，适时为企业提供税收优惠政策，制定减免税、延期纳税申请、出口退税、税务检查等业务规则和流程，如图 19.24、图 19.25所示。

图 19.24 减免税审批界面

图 19.25　税务检查

6. 其他业务种类

●签收企业手工资产负债表和损溢表；

●负责定期通报、补贴企业科技研发成果；

●负责定期通报企业纳税先锋、纳税大户评选结果；

●负责定期通报企业生产大亨结果。

第二十讲
会计师事务所业务实务

学习目标

●会计师事务所的设立流程；

●审计业务约定书的签署方法；

●工作底稿实务；

●其他业务种类。

会计师事务所是依法独立承担注册会计师业务的中介服务机构，是由有一定会计专业水平、经考核取得证书的会计师组成的、受当事人委托承办有关审计、会计、咨询、税务等方面业务的组织。

一、会计师事务所设立流程

首先在市场监督管理局（原工商局）完成企业登记，该业务实施流程如同20.1所示：

（1）企业填写委托人申请书，提交市场监督管理局（原工商局）审批；

（2）企业填写名称预先核准申请书，提交市场监督管理局（原工商局）审批；

（3）企业填写投资人名录，提交市场监督管理局（原工商局）审批；

（4）企业填写企业登记申请书，提交市场监督管理局（原工商局）审批；

（5）企业填写法人代表以及经理信息，提交市场监督管理局（原工商局）审批；

（6）企业获得市场监督管理局（原工商局）颁发的营业执照正副本和企业印章。

图 20.1　会计师事务所完成工商登记的流程导航

会计师事务所在市场监督管理局（原工商局）的设立登记填表细节及业务流程，请同学们参照第六讲和第七讲的内容执行。

之后在税务局办理税务报到，完成增值税一般纳税人资格登记，填写纳税人税务补充信息表。请同学们参照第八讲的内容执行。

最后在银行办理临时开户申请和开户业务，获得机构信用代码证和开户许可证。请同学们参照第九讲的内容执行。

二、与手机制造企业签署审计业务约定书

会计师事务所的工作人员，完成企业在市场监督管理局（原工商局）、税务局、银行的设立登记工作后，需要主动和制作企业的财务部负责人洽谈，商定审计业务范围、目标、甲乙双方责任与义务，审计收费标准、审计报告等相关事宜的法律约定，签署审计业务约定书。审计业务约定书，是指会计师事务所与客户签订的，用以记录和确认审计业务的委托与受托关系、审计工作的目标和范围、双方的责任以及出具报告的形式等事项的书面合同。

1. 审计小组人员管理

依次单击审计、审计小组人员管理（该模块具有新建审计小组、删除、修改、人员查看和人员调配功能），如图 20.2 所示。

图 20.2　审计小组人员管理模块

点击"小组人员管理"可为审计小组添加人员，如图 20.3 所示。

图 20.3　点击"小组人员管理"按钮

2. 审计项目

依次点击审计、审计项目、新建按钮，新建审计项目，如图 20.4 所示。

图 20.4　新建审计项目

新建一个审计项目，完成后点击提交，如图 20.5 所示。

项目名称	
审计时限范围	年 月 日
至	年 月 日
财务报表模板	
工作底稿模板	
所属部门	审计1部 ▼
审计类别	
被审计单位名称	keai的制造企业 ▼
	keai的制造企业
被审计人	
审计时间	到

提交

图 20.5　提交审计项目

将审计约定书发送至选择的企业，并填写审计业务约定书。带上纸质版"审计业务约定书"递交被审计企业，如图 20.6、图 20.7 所示。

图 20.6　发送审计约定书

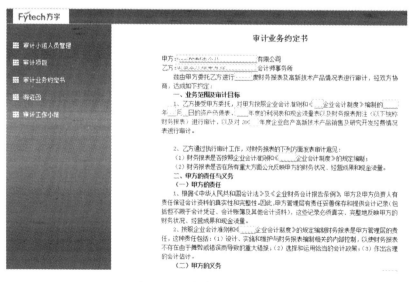

图 20.7　审计业务约定书

签署审计业务约定书的作用：

（1）明确准备接受委托业务的性质和范围。

（2）全面了解被审计单位的基本情况，包括被审计单位的业务性质，经营规模和组织结构，经营情况和经营风险，财务会计机构及工作组织等。

（3）评价自身的胜任能力：会计师事务所应对自身能否胜任该委托业务进行评价。

（4）商定审计收费。尽管中国会计师事务所收费标准由注册会计师协会统一规定，采用计时或计件的方式收取服务费用，但是，在实际工作中，会计师事务所更多地采用计时收费方式，因此，会计师事务所应合理估计工作时间，向委托人提交审计约定收费预算，并商定应收的审计收费。

（5）明确被审计单位应协助的工作。

（6）初步确定审计风险。

（7）分析性测试：主要对会计报表进行概略性分析，即对未审会计报表中有重大变化的项目做出总体上的概略分析说明，为初步确定重点审计领域做到"心中有数"。

3. 业务数据

当企业填写完审计业务约定书之后，会计师事务所在审计项目—业务数据模块。填写电子版年度审计计划，如图20.8、图20.9所示。

图20.8　填写年度审计计划（1）

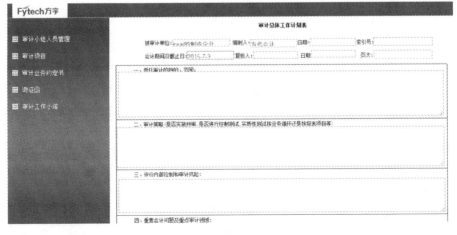

图20.9　填写年度审计计划（2）

三、工作底稿实务

（1）审计工作底稿

依次点击审计项目、业务操作、编制审计工作底稿，进入编制审计工作底稿界面。对每个企业进行审计时，需要填写审计底稿，如图 20.10 所示。

企业名称	年度	操作
keai的制造企业		查看审计业务约定书
		查看年度审计计划
		编制审计工作底稿
		审计工作小结
		编制审计报告

债务类

短期借款底稿	应付账款底稿	应付工资底稿
应付福利费底稿	长期借款底稿	

内控类

内部控制测试表(一)	内部控制测试表(二)	内部控制测试表(三)

损益类

管理费用底稿	财务费用底稿	产品销售成本底稿
产品销售收入底稿	现金及现金底稿	销售费用底稿
营业外收入底稿	营业外支出底稿	

所有者权益类

盈余公积底稿	实收资本底稿	

资产类

无形资产底稿	其他应收底稿	固定资产及折旧趋势分析
坏账准备底稿	在建工程底稿	存货底稿
应收账款底稿	货币资金底稿	

自定义类

编写自定义审计底稿

图 20.10　编制审计工作底稿界面

（2）审计工作小结与报告

完成工作底稿之后，需要做出工作总结汇报，并最后编制出审计报告，如图 20.11、图 20.12、图 20.13 所示。

企业名称	年度	操作
keai的制造企业		查看审计业务约定书
		查看年度审计计划
		编制审计工作底稿
		审计工作小结
		编制审计报告

图 20.11　工作总结汇报

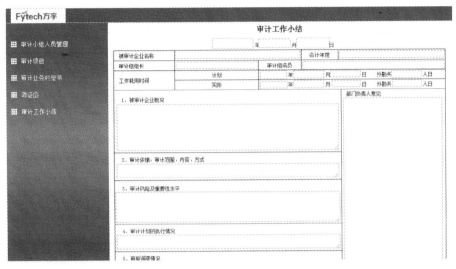

图 20.12　审计工作小结

图 20.13　编写审计报告

四、其他业务种类

在综合实验的班级环境中，会计师事务所还需要分担的管理任务有：

● 负责定期通报企业所有者权益排名、利润排名结果；

● 为企业提供财务专业咨询、培训、代理服务工作，制定价格标准及增长率；

● 为企业提供年检、纳税、贷款代理服务。

会计师事务所的同学们可以充分利用财务系统，做好企业财务分析与财务指标评优工作，如图 20.14 所示。

图 20.14 进入财务系统

在科目数据报告中，有所有企业每个季度的总账明细报告、记账凭证报告、出入库信息，如图 20.15 所示。

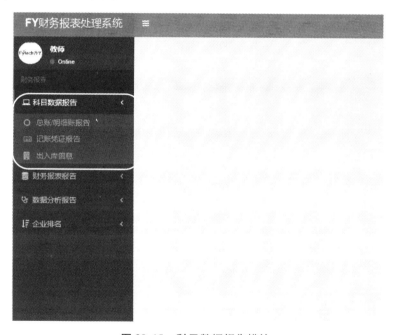

图 20.15 科目数据报告模块

在财务报表报告中，有所有企业每个季度的资产负债报告、损益表报告、现金流量报告，如图 20.16 所示。

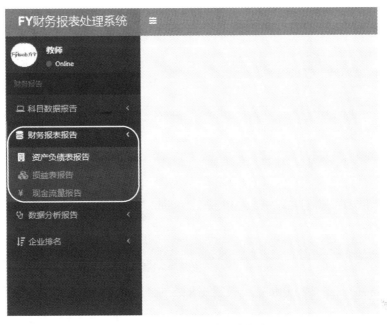

图 20.16 财务报表报告模块

在数据分析报告中，有所有企业每个季度的沃尔比重分析报告和纳税金额分析报告，如图 20.17 所示。

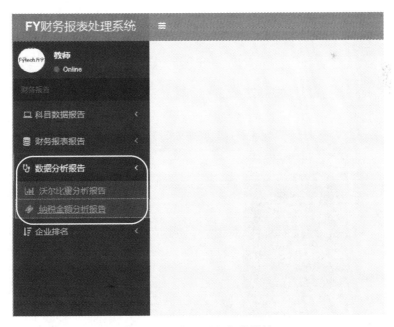

图 20.17 数据分析报告模块

比如当前企业的沃尔比重报告会显示该企业当前的各项财务能力考核指标和财务分析比率指标的专业信息，如图 20.18 所示。

四川香蕉科技有限公司 第1年1季度 沃尔比重分析报告

能力考核	财务指标
偿债能力 (25%)	流动比率 (5%)
	资产负债率 (10%)
	产权比率 (10%)
运营能力 (25%)	应收账款周转率 (8%)
	存货周转率 (8%)
	资产周转率 (9%)
获利能力 (25%)	销售净利率 (8%)
	总资产报酬率 (7%)
	净资产收益率 (10%)
成长能力 (25%)	资本保值增值率 (10%)
	销售增长率 (7%)
	利润增长率 (8%)

图 20.18　沃尔比重分析报告

比如当前企业的纳税分析工具会显示该企业当前应缴纳的各种税金情况，如图 20.19 所示。

成都美若科技有限公司 第2年3季度 纳税税务分析工具

税种名称	纳税金额
增值税	1,439,065.02
企业所得税	1,247,120.30
城市维护建设税	100,734.55
教育费附加	43,171.95
应税总额	2,830,091.82

图 20.19　纳税税务分析工具

在企业排名中，有所有企业每个季度的利润总额排名、资产排名、净利润排名、自定义排名的结果，如图 20.20 所示。

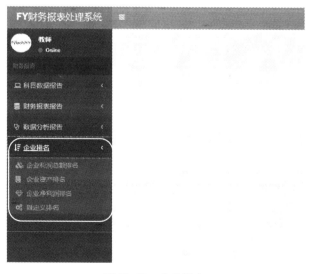

图 20.20　企业排名

经/管/类/跨/专/业/综/合/仿/真/实/验

第二十一讲
商业银行业务实务

学习目标

● 商业银行日常业务；

● 商业银行的现金业务；

● 商业银行的贷款实务；

● 商业银行的中间业务。

商业银行是银行的一种类型，是通过存款、贷款、汇兑、储蓄等业务，承担信用中介的金融机构。

一、商业银行日常工作

商业银行负责定义企业开户手续费、账户年费、季度存款和贷款利率（‰）、现金支票费用、购买支票费用，如图 21.1 所示。

图 21.1　商业银行日常工作

二、商业银行现金业务

在综合实验平台中，选择现金业务，如图 21.2 所示。

189

图 21.2　选择"现金业务"

现金业务包括电子支票审核、电子支票转账、企业账户余额、对公现金业务、银行现金业务，如图 21.3 所示。

图 21.3　进入现金业务模块

1. 企业转账

企业转账的具体操作方法如下：

转账由企业转出方在财务部模块中的转账部分发起：需要知道转入方核心企业的银行账号。如图 21.4 所示：确认支票填写无误后确认（注意确认转出企业账号和转出金额后，再点击提交）。

经管类跨专业综合仿真实验

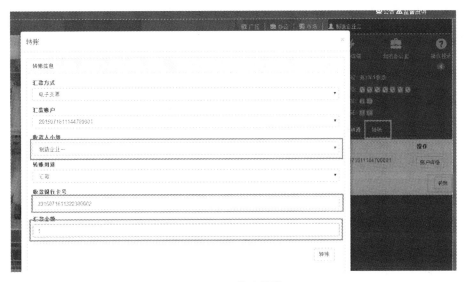

图 21.4 转账模块

●在操作提示中处理转账支票。

●由银行进行支票处理。

●依次点击银行转账业务、电子支票审核，如图 21.5 所示，领取任务并审核支票格式。

●驳回后需要企业再次提交，如图 21.6、图 21.7 所示。

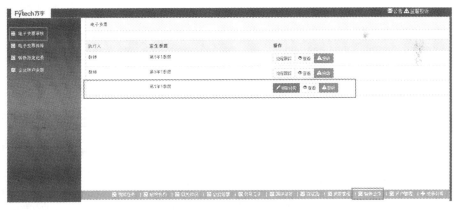

图 21.5 电子支票审核模块

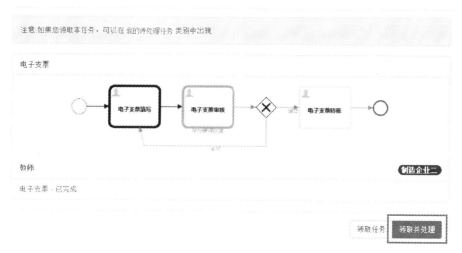

图 21.6　电子支票审核模块

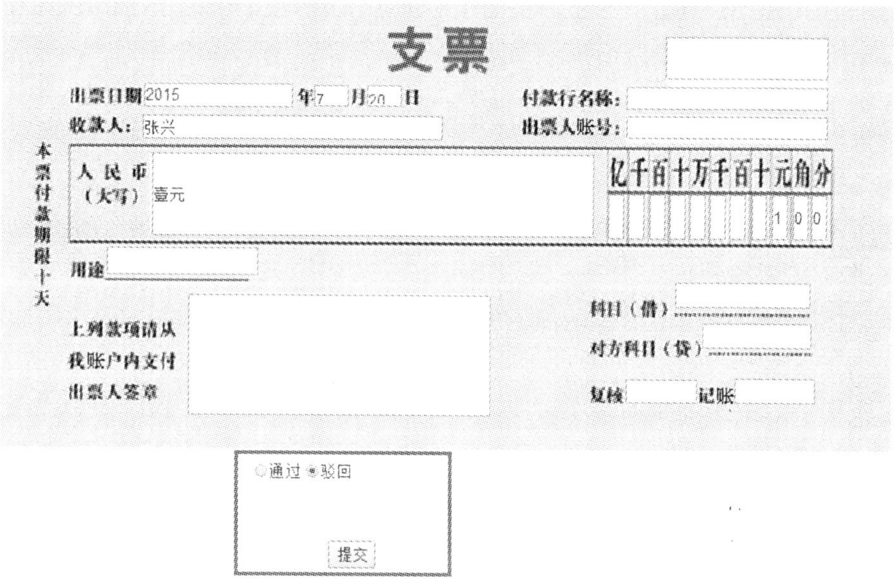

图 21.7　驳回电子支票

转账支票注意事项：

在支票正面上方明确标注了"转账支票"字样。转账支票只能用于转账。

支票的填写：

（1）出票日期（大写）：数字必须大写，大写数字写法：零、壹、贰、叁、肆、伍、陆、柒、捌、玖、拾。

举例：2018 年 8 月 5 日：贰零零伍年捌月零伍日。

捌月前零字可写也可不写，伍日前零字必写。

（2）收款人：转账支票收款人应填写为对方单位名称。

经／管／类／跨／专／业／综／合／仿／真／实／验

（3）付款行名称、出票人账号：本单位开户银行名称及银行账号。例如，开户银行名称：工行高新支行九莲分理处。

（4）人民币（大写）：数字大写写法：零、壹、贰、叁、肆、伍、陆、柒、捌、玖、亿、万、仟、佰、拾、整（正）。

注意："万"字不带单人旁。

（5）人民币小写：最高金额的前一位空白格用"￥"字头打掉，数字填写要求完整清楚。

（6）用途：①现金支票有一定限制，一般填写"备用金""差旅费""工资""劳务费"等。②转账支票没有具体规定，可填写如"货款""代理费"等。

（7）盖章：支票正面盖财务专用章和法人章，缺一不可，印泥为红色，印章必须清晰，如印章模糊只能将本张支票作废，换一张重新填写重新盖章。反面盖章与否见"2. 收款人"。

●填写好的支票。

●审核通过之后由银行进行转账，如图 21.8 所示。

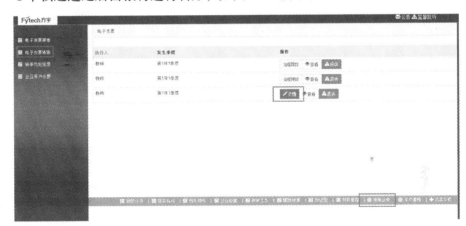

图 21.8　电子支票转账模块

●审核通过之后由银行进行转账。

●银行完成转账之后，由转账发起方付款。

●另一方进行收款，完成整个流程。

2. 现金业务——企业账户余额

依次点击结算业务、企业账户余额（在此处可查询企业余额），进入企业账户余额模块，如图 21.9 所示。

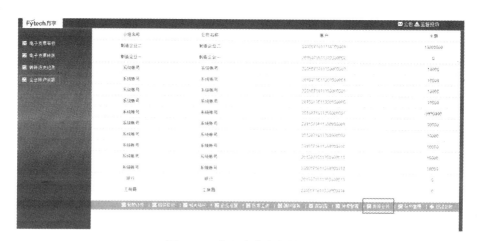

图 21.9　企业账户余额模块

三、贷款管理

按照《贷款通则》的规定，目前我国商业银行发放的贷款形式主要有：委托贷款、信用贷款、抵押贷款和票据贴现。同时，各商业银行面向市场积极进行金融创新推出了许多适应企业需要的贷款品种。下面介绍几种常见的贷款类型：

委托贷款：由政府部门、企事业单位及个人等委托人提供资金，由贷款人（即受托人）根据委托人确定的贷款对象、用途、金额、期限、利率等代为发放、监督使用并协助收回的贷款。贷款人（受托人）只收取手续费，不承担贷款风险。

信用贷款：以借款人的信誉发放的贷款。其特征就是债务人无须提供抵押品或第三方担保仅凭自己的信誉就能取得贷款，并以借款人信用程度作为还款保证。由于这种贷款方式风险较大，一般要对借款方的经济效益、经营管理水平、发展前景等情况进行详细的考察，以降低风险。

从目前实际情况看，银行发放信用贷款的基本条件是：

一是企业客户信用等级至少在 AA（含）级以上的，经国有商业银行省级分行审批可以发放信用贷款；

二是经营收入核算利润总额近三年持续增长，资产负债率控制在 60% 的良好值范围内，现金流量充足、稳定；

三是企业承诺不以其有效经营资产向他人设定抵（质）押或对外提供保证，或在办理抵（质）押等及对外提供保证之前征得贷款银行同意；

四是企业经营管理规范，无逃废债、欠息等不良信用记录。

担保贷款：保证贷款、抵押贷款、质押贷款。

权利质押是指债务人或者第三人将其拥有的权利凭证移交债权人占有，并以凭证上的财产权利作为债权的担保。债务人不履行债务时，债权人有权将该财产权利折价或者以拍卖、变卖所得的价款优先受偿。权利质押属于担保物权的一种。

质押与抵押相比，最大的特点是质物必须移交给银行占有。

票据贴现：借款人将未到期商业票据（银行承兑汇票或商业承兑汇票）转让给

经／管／类／跨／专／业／综／合／仿／真／实／验

银行，取得扣除贴现利息后的资金。票据贴现当然要有利可图，银行在接受企业的票据时，在原价基础上打个折扣，被称为贴现。

综合授信：银行对一些经营状况好、信用可靠的企业，授予一定时期内一定金额的信贷额度，企业在有效期与额度范围内可以循环使用。综合授信额度由企业一次性申报有关材料，银行一次性审批。银行采用这种方式提供贷款，一般是对有工商登记、年检合格、管理有方、信誉可靠、同银行有较长期合作关系的企业。

项目开发贷款：一些高科技中小企业如果拥有重大价值的科技成果转化项目，初始投入资金数额比较大，企业自有资本难以承受，可以向银行申请项目开发贷款。

出口创汇贷款：企业可以凭结汇凭证取得人民币贷款。对出口前景看好的企业，还可以商借一定数额的技术改造贷款。

1. 贷款申请书

在综合实验平台申请贷款的流程：

企业填写贷款申请书，如表 21.1 所示。

表 21.1　　　　　　　　　　　　　贷款申请书

公司简介
北京友好科技有限公司是一家专业生产及销售手机的制造企业，成立于 1998 年。
贷款理由
由于企业经营发展，购买企业基础设施，需信用贷款。
贷款金额
￥3 000 000.00 叁佰万元整
贷款用途
购买企业厂房及先进生产线
附营业执照及企业法人营业执照、资产负债表

●银行依次点击贷款管理、调查报告管理、领取任务。

●点击领取并处理，处理任务。

●银行贷款业务办理，审核调查报告。

●填写调查报告，经过审核后，情况属实则点击通过并提交。若企业情况不符合贷款标准，则在调查结论处填写不同意贷款，点击驳回并提交。

●贷款调查报告填写后，等待企业提交贷款合同签订书，并处理纸质版调查报告。

●贷款合同分为抵押合同、质押合同、信用合同。企业选择一个。这几种类型贷款的流程一样。下面以抵押贷款为例。

2. 抵押合同

●查看企业携带的纸质抵押合同，核对无误后银行签字盖章。

●依次点击贷款管理、抵押合同管理，如图 21.10 所示。

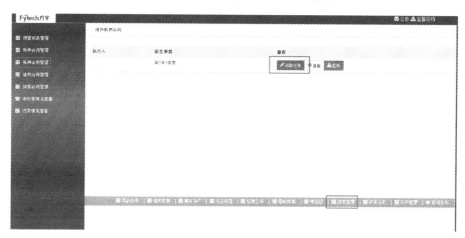

图 21.10 进入抵押合同管理模块

●依次点击领取任务并处理、签订抵押合同，以下为抵押合同样本，如表 21.2 所示。

表 21.2 　　　　　　　　　　贷款借贷抵押合同

合同编号：	YH00000001		
抵押人（甲方）：	北京友好科技有限公司		
住址：	北京市海淀区苏州街	邮政编码：	100080
法定代表人（负责人）：	张爱国		
传真：	010-88888888	电话：	010-99999999
抵押权人（乙方）：	银行		
住址：	北京市海淀区	邮政编码：	100080
负责人：	贾爱国		

表21.2(续)

传真：	010-66666666	电话：	010-33333333
1. 抵押物名称及清单			
a. 北京市昌平区厂房一套 b. 劳动密集型生产线 2 条			
2. 担保范围　　2　种			
3. 担保金额　　100 万元			
4. 抵押财务登记			
5. 甲方、乙方各自的权利与义务及承担的债务			
6. 甲乙双方的违约责任			
7. 费用的承担			

●抵押合同签订完，贷款企业需要签订贷款合同。

3. 人民币资金借贷合同

●查看企业携带的纸质人民币资金借贷合同，核对无误后银行签字盖章，贷款合同填写模板如表21.3 所示。

表 21.3　　　　　　　　　人民币资金借贷合同

项目：	公司贷款
合同编号：	YH00000001
贷款种类：	长期贷款

表21.3(续)

借贷人（甲方）：	北京友好科技有限公司		
住址：	北京市海淀区苏州街	邮编：	100080
法定代表人：	张爱国		
传真：	010-88888888	电话：	010-99999999
贷款人（乙方）：	北京市商业银行		
住址：	北京市海淀区		
负责人：	贾爱国	邮编：	100080
传真：	010-66666666	电话：	010-33333333
借款金额：	3 000 000 元		
借款用途：	购置基础设施		
借款期限：	3	借款利率：	28
贷款种类：	长期贷款		
违约责任：			
罚金利率：	50		

● 依次点击贷款管理、贷款合同管理，如图21.11、图21.12所示。

图 21.11 进入贷款合同管理界面

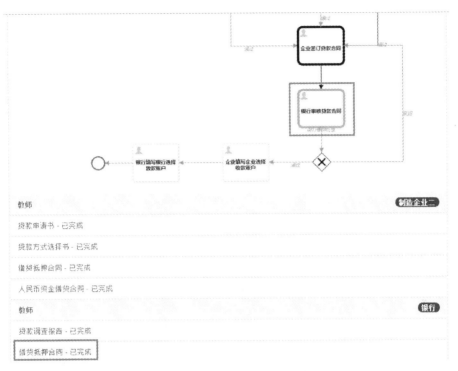

图 21.12　贷款合同管理流程图

●点击处理、确认，进入人民币资金借贷合同界面。

●由企业签订贷款企业进行银行账户选择：依次点击贷款企业操作提示中，企业贷款，并领取任务，确认账户。

●最后由银行放款，如图 21.13 所示。

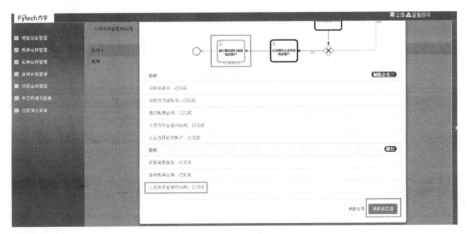

图 21.13　人民币借贷业务

4. 还款情况查看

●依次点击贷款管理、还款情况查看（此处可查看企业贷款与否），如图 21.14所示。

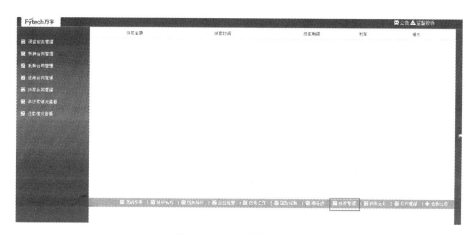

图 21.14　还款情况查看

四、中间业务

商业银行中间业务广义上讲，是指不构成商业银行表内资产、表内负债，形成银行非利息收入的业务。商业银行的中间业务主要有本、外币结算，银行卡，信用证，备用信用证，票据担保，贷款承诺，衍生金融工具，代理业务，咨询顾问业务等。中间业务可以充分发挥同学们工作的主动性与积极性，为企业提供更多个性的资金支持与投资增值服务，也为商业银行赢取更多的创收机会和客户资源。

第二十二讲
工作日志的写作方法

学习目标

● 工作日志的写作意义；

● 工作日志的写作思路；

● KPTP 工作日志法；

● 工作日志作业分析。

　　工作日志是指针对自己的工作，每天记录工作的内容、所花费的时间以及在工作过程中遇到的问题，解决问题的思路和方法。在综合实验课程进行中，我们希望通过工作日志的作业形式，帮助同学们养成良好的书写工作日志的习惯，提升工作日志的写作水平，进而达到提升每一天工作效率的目的。

一、工作日志的写作意义

（一）提高自己的工作技能

　　工作日志最好可以详细客观地记录自己当日面对的选择、观点、观察、方法、结果和决定，这样每天日事日清，经过长期积累，可以达到通过工作日志提高自己工作技能的目标。

（二）将工作时间碎片化转化为利用碎片化时间工作

　　移动互联网时代，QQ、微博、微信等新应用层出不穷，人们对于时间资源的需求也越来越大，人们工作都会面临时间碎片化的困扰。利用碎片化时间工作还是将工时间碎片化？两者看起来都很不轻松，而前者是高效工作，后者却是效率低下。

　　利用碎片化时间工作：高效职场人会充分利用可能被浪费的时间来处理工作上的事情，从而提高工作效率。比如在等地铁或者电梯时用手机回复一下工作上的邮件，就可以很好地利用碎片化时间工作。

　　工作时间碎片化：将本来整块工作的时间，分割成多个小块时间，中间穿插着处理不同的事情。比如原本计划下午花 3 个小时整理一份报告，但是在整理报告的过程中，有些员工可能会一会儿看看朋友圈，一会儿跟同事聊聊天，中途又去回复一下邮件，再写一会儿报告之后，又去打一个电话。这样的工作方法，看似确实一直在忙，但工作效率却不高。工作日志能很好地在帮助员工抵抗工作时间碎片化，养成利用碎片时间，反省总结当下的工作质量和进程，不断改善和提高自己的工作方法的习惯。

二、工作日志的写作思路

一篇好的工作日志，可以从时间、内容和感想三个维度来考量。

（1）时间维度：能够如实地记录自己的时间消费。将自己在某些事情上花费的时间记录统计出来，从而判断自己工作效率究竟如何。

（2）内容维度：每天的工作有一些事情是自己原来安排好的，有些是临时发生的；有些任务是短期独立存在的，有些任务是长期存在并且和其他任务相关的；有些任务自己可以独立完成；有些任务可能需要自己的同事、朋友、客户等多方参与。在处理这些事情的过程中，工作日志需要翔实地记录任务的进展，能够根据当前的发展情况，列出下一步行动清单。

（3）感想维度：人是理性和感性的混合体。工作中肯定会有失败的苦闷和成功的喜悦，这些感性的认知丰富着我们人生的阅历。通过工作日志抒发记录自己工作中的喜怒哀乐，能够缓解自己的工作压力，保持对工作的积极态度。

三、KPTP 工作日志法

很多企业都非常重视工作日志制度，甚至将按时提交工作日志列入绩效考核的指标。写好工作日志，实际上是在上班时间记录、规划自己的工作和生活，训练自己的思维模式，提高自己的写作和沟通能力，KPTP 工作日志法给初入职场的新人提供了一个简单好记的工作日志写作技巧。

KPTP 工作日志法：是由 4 个单词：keep、problem、try、plan 的首字母组成的。

K：keep，今天做了哪些工作？

P：problem，工作中遇到了哪些问题？

T：try，尝试如何解决这些问题？

P：plan，明天的工作计划是什么？

KPTP 四个部分，就组成了一份清晰明了的工作汇报结构。这样的汇报既能充分体现你当前的工作状态，又能层次分明地向领导传递工作困难与自己的工作能力。

示例如下：

汇报人：王凯

日期：2019-6-16

K（Keep：今天做的事情和项目的正常描述，可以帮你回忆今天的工作。）

上午完成：

1. 用户王先生会员计划的办理，打印合同、开发票、发快递；

2. 论坛用户的疑问整理回复，共计 15 条；

3. 统计昨天的用户注册情况，做 PPT 共 8 页。

下午完成：

（1）与陈洁沟通用户产品使用中的软件升级问题，记录了 3 条问题，调查追踪问题的成因，梳理 2~3 个解决方案，明日上午 10：00 回复陈洁；

（2）QQ 群用户的问题回答，共 5 人 18 个问题；

（3）写下周的工作计划；

（4）设计易拉宝方案，与磊哥讨论，明日上午 12：00 前定稿。

在 Keep 环节，我们看到王凯的写作习惯是分点记录，重视数量和时间的量化，明确工作计划的截止时间，这是一种很有效的、很自律的工作方法，同学们可以积极借鉴。

P（Prbolem：您今天工作中所遇到的问题。）

上午给会员客户打印合同、开发票等花费了将近 1 个小时，效率太低，以后要加强对开票软件的操作学习。

T（Try：针对这些问题，你准备尝试的解决方案。）

明天找市场总监讨论这个问题，是否可以取消快递合同环节，直接在客户付款后，快递发票即可。

P（Plan：明天的工作计划。）

（1）找市场总监讨论取消快递合同的环节；

（2）统计 6 月 15 号的用户注册数据；

（3）与研发沟通运营组下周工作计划，讨论工作计划是否合理；

（4）学习 A/B test 的测试方法；

（5）网站改版方案细化，写文档；

（6）写《高效能人士 7 个习惯》的读书笔记提交给行政孙雪。

下面我们一起分析一位同学，在综合实验课程学习期间完成的部分工作日志。这位同学在课程中扮演银行行长角色。

第一、二周综合实验工作日志

（2019. 02. 28—2019. 03. 07）

李洁瑶（行长）

图 22.1

◇2019. 02. 28

第一次课，我怀着期待的心情走进教室（感想维度）。三个月的企业实习经历（时间维度），让我对于工作有一定的认识，并乐于其中，加上对金融行业感兴趣，我申请了银行行长这个岗位（内容维度）。"资金越多，责任越大"，希望我能通过踏实努力地工作，为这个小社会的稳定运转保驾护航（Keep、Plan）。

在招聘海报制作阶段，显得有点手忙脚乱。虽然很快决定了银行名称（博发银行：博采众长，千帆竞发），但由于对时间的把控能力不够，加上马克笔不太好上手，导致超时了。不过，所幸在应聘者到来的前一秒招聘海报成功到位（Keep、Problem）。

面试阶段，我回想了一些曾被面试的问题再加上几个与业务主管有关的问题：你为什么要选择博发？你认为业务主管是做什么的？你认为自己有什么优势？……来面试的同学显然是经过精心准备的，每个问题都会结合自己的经历给出见解。于是，我们挑选到了自己的第一名业务主管（Keep、Try）。

今天的工作虽然顺利完成了，但由于对时间缺乏掌控，有点慌慌张张，以后要注意对工作时间进行合理规划。

图 22.2　今日工作结果

点评：留影记载今日工作结果确定为组织名称确定为博发银行，招聘海报、组织图案标记确定为银杏叶，口号确定为博采众长、千帆待发；团队成员合影。缺点：没有分点记录、工作量化重视不足。

◇2019.03.04

我决定将 LOGO 设计出电子版本，用于标识银行的文件资料。为了显示出银行的严肃、大气，我选择了红、黑、白的配色以及方正的字体，并用银杏叶象征钱币。

接着我跟兰主管一起学习了银行工作流程，并着手准备企业注册表格范本。由于网上文件的清晰度不够，我们决定重新用 Excel 制作，填写完成后再去复印，并为了以防万一，多准备了两套。

然后我们商讨出了路演计划，决定加入方言表演元素，增加趣味性，并完成了排练，如图 22.3 所示。

图 22.3　企业 LOGO 和样表制造

经／管／类／跨／专／业／综／合／仿／真／实／验

点评：留影记载今日工作结果。完成 LOGO 成品，完成样表制造。缺点：没有分点记录、没有下次课的工作计划。

◇2019. 03. 07

第二次课，路演成功结束，很开心收获了各界的掌声，也有幸被评为"最佳人气奖"，获得三万元奖金，这不仅是对我们工作的认可，也是我们今后更加努力工作的动力（量化结果 K）。

企业注册正式开始后，由于银行注册是最后一环，在暂时没有工作的时间里，我跟兰主管一起查阅了资料，完成了银行利率、基本费用的制定工作，并开始商讨理财、保险产品的设计（主动利用碎片时间工作）。当企业们进行到银行业务时，我们开始忙碌了起来。因为有了填报材料的范本，各企业的申请信息填写速度较快，在市场监督管理局（原工商局）的帮助下，银行处理业务的节奏也较快，比较顺利地完成了企业注册工作。但是在注册过程中，还是有不足存在：工作人员分工不够明确，导致很多任务一起出现时，审核处理效率较低。希望在以后的工作中改进，提高工作效率（Keep、Problem、Plan）。

两周的课程让我慢慢习惯了银行工作的状态，在即将开始的试运营中，争取仔细、认真地完成每项任务，并积极主动地完成相关资料学习，扩展博发新业务（Plan：主动有针对性地自学）。

图 22.4

第二次综合实验工作日志
（2019. 03. 14-2019. 04. 11）

图 22.5

李洁瑶（银行行长）

◇2019. 03. 14

博发银行的工作之旅正式开始了。在上一周工作结束后，我与兰主管通过对比分析四大行的贷款、保险、理财等业务流程及定价方法，初步拟出了属于博发银行自己的一套业务规则与办理流程。今天的试运营则是对这稍显简略的业务设置可行性的一个测试，以帮助我们对业务详细内容进行更好的调整。在业务办理过程中，我们发现：在企业起步阶段，对于贷款的需求非常大，远远超过对保险、理财产品的需求；同时，在刚开始运营时期，各企业都急着贷款，因此需要同时办理的业务量较大；此外，贷款业务的办理流程较为烦琐，需要耗费大量时间，往往可能对企业自身的运营产生负面影响。这意味着我们一方面要进一步明确贷款业务的具体内容（种类、利率等）与办理流程，在明晰的贷款业务细则基础上，提炼出一套最简洁明了的业务操作指南，同时加强工作人员对于贷款业务的熟悉程度，缩减业务办理时间；另一方面，为了推广保险以及理财业务，我们需要在已有的基础上，对业务内容进行改进（如降低保险费率、提高偿付额、提高投资收益率等），提高吸引力。

点评：分点、分段、量化不足。增加业务流程、定价的相关工作结果图表，效果会更好。

经/管/类/跨/专/业/综/合/仿/真/实/验

第二十三讲
商业计划书的写作方法

学习目标

● 商业计划书的写作意义；

● 商业计划书的写作格式；

● 商业计划书的评判标准；

● 商业计划书容易出现的败笔；

● 怎样写出特色鲜明的商业计划书；

● 商业计划书作业分析。

商业计划书是公司、企业或项目单位为了达到招商融资和企业发展目标，根据一定的格式和内容要求而编辑整理的一个向受众全面展示公司和项目目前状况、未来发展潜力的书面材料。

一、商业计划书的写作意义

商业计划书是一份全方位的项目计划，帮助预测企业的成长率并做好未来的行动规划，也便于投资商对企业或项目做出评判，从而使企业获得融资。

二、商业计划书的写作格式

商业计划书有相对固定的格式，它几乎包括投资商所有感兴趣的内容，从企业成长经历、产品服务、市场营销、管理团队、股权结构、组织人事、财务、运营到融资方案等。以下是一份商业计划书的参考格式。

商业计划书

经／管／类／跨／专／业／综／合／仿／真／实／验

_____企业商业计划书

第一章 公司基本情况

 一、公司名称及 LOGO 介绍

 二、公司组织结构及人员构成

 三、公司财务现状

 四、公司地理位置及区域优势

 五、行业分析与产品定位

 六、公司内部控制管理

第二章 生产计划

 一、厂房、生产线、仓库、厂区扩建计划

 二、工人、管理人员招聘计划

 三、新产品研发计划

 四、研发人员招聘计划

 五、产品原材料市场分析

 六、1~16 季度产量预测

第三章 产品营销计划

 一、目标区域产品供需情况分析

 二、市场开拓区域分析

 三、市场开拓渠道分析

 四、竞争对手情况与分析

 五、产品定价策略

 六、1~16 季度销量预测

第四章 企业管理计划

 一、人员培训与交流学习计划

 二、薪酬计划与激励机制

 三、企业资质认证计划

 四、企业注册驰名商标计划

 五、企业文化建设活动计划

 六、1~16 季度企业管理费用预测

第五章 财务计划

 一、企业贷款、投资计划

 二、企业税收筹划计划

 三、1~16 季度财务预测

  （1）销售收入预测

  （2）成本费用预测

  （3）固定资产预测

  （4）资产负债预测

  （5）现金流量预测

（6）损益预测表

三、商业计划书的评判标准

（1）成功的商业计划书应有好的启动计划。应判断计划是否有明确的时间目标、阶段任务目标。

（2）计划是否具体及适度，计划中是否有特定的日期及特定的人负责特定的项目以及预算。

（3）计划应是客观的，应判断计划中的销售预估、费用预算，是否客观及准确。

（4）计划是否完整，是否包括全部的要素，前后关系的连接是否流畅。

四、商业计划书容易出现的败笔

（1）描述语言上混乱不清晰，废话多且冗长（简明语言+图表说明）；

（2）商业计划显得非常不专业，例如缺乏应有的基础数据，分析过于简单；或数据没有说服力，拿出一些与产业标准相去甚远的数据；

（3）只有创意，没有实际经验与没有细节的项目计划书；

（4）计划书中有很多口号，而为达到目标所制定的策略与战术却描述不多；

（5）生产与营销实施方案或不做涉及，或一笔带过；

（6）对市场和竞争对手的描述缺乏具体资料和数据；

（7）对经营困难及风险预计不足，过于乐观；

（8）对资金预算描述不清楚或不合理，资金使用方向模糊；

（9）收入模式不明确；盈利模式的数字计算模型不清晰；

（10）财务数据测算不准确，勾稽关系不合理，数据出入过大。

五、怎样写出特色鲜明的商业计划书

（一）了解市场

商业计划书要给投资者和员工提供企业对目标市场的深入分析和理解。细致分析经济、地理、职业以及心理等因素对消费者选择购买本企业产品这一行为的影响，以及各个因素所起的作用。

（二）关注产品

在商业计划书中，应提供所有与企业的产品或服务有关的细节，包括企业所实施的所有调查。比如：产品正处于什么样的发展阶段？它的独特性怎样？企业销售产品的方法是什么？产品的生产成本是多少？售价是多少？企业发展新的现代化产品的计划是什么？在商业计划书中，企业家应尽量用简单的词语来描述每件事。制订商业计划书的目的不仅是要投资者和员工相信企业的产品会在世界上产生革命性的影响，同时也要使他们相信企业有证明它的论据。

（三）敢于竞争

在商业计划书中，应细致分析竞争对手的情况：竞争对手都是谁？他们的产品

是如何工作的？竞争对手的产品与本企业的产品相比，有哪些相同点和不同点？竞争对手所采用的营销策略是什么？要明确每个竞争者的销售额、毛利润、收入以及市场份额，然后再讨论本企业相对于每个竞争者所具有的竞争优势，商业计划书要使它的读者相信，本企业不仅是行业中的有力竞争者，而且将来还会是确定行业标准的领先者。在商业计划书中，企业家还应阐明竞争者给本企业带来的风险以及本企业所采取的对策。

（四）表明行动的方针

企业的行动计划应该是无懈可击的。商业计划书中应该明确下列问题：企业如何把产品推向市场？如何设计生产线？如何组装产品？企业生产需要哪些原料？企业拥有那些生产资源，还需要什么生产资源？生产和设备的成本是多少？企业是买设备还是租设备？解释与产品组装、储存以及发送有关的固定成本和变动成本等财务情况。

（五）展示你的管理队伍

把一个思想转化为一个成功的风险企业，其关键的因素就是要有一支强有力的管理队伍。这支队伍的成员必须有较高的专业技术知识、管理才能和多年工作经验，要给投资者这样一种感觉："看，这支队伍里都有谁！"管理者的职能就是计划、组织、控制和指导公司实现目标的行动。在商业计划书中，应首先描述整个管理队伍及其职责，然后再分别介绍每位管理人员的特殊才能、特点和造诣，细致描述每个管理者将对公司做出的贡献。商业计划书中还应明确管理目标以及组织机构图。

（六）出色的计划摘要

商业计划书中的计划摘要也十分重要。它必须能让读者有兴趣并渴望得到更多的信息，它将给读者留下长久的印象。计划摘要将是风险企业家所写的最后一部分内容，但却是出资者首先要看的内容，它将从计划中摘录出与筹集资金最相干的细节：对公司内部的基本情况，公司的能力以及局限性，公司的竞争对手，营销和财务战略，公司的管理队伍等情况的简明而生动的概括。如果公司是一本书，它就像是这本书的封面，做得好就可以把投资者吸引住。它给风险投资家这样的印象："这个公司将会成为行业中的巨人，我已等不及要去读计划的其余部分了。"

（七）周详的退身之路

周详的退身之路，无论最后投资结局如何，风险投资者都会十分关心这一问题，很明显，如果投资效果不好，他们也想收回投资。每一个风险投资者的既定目标都是把原投资变为可周转的银行现金。因此，在商业计划书中，应该明确指出退出机制，比如：公司股票上市、股权转让、回购等退身措施。

第二十四讲
服务机构工作说明书的写作方法

学习目标

● 工作说明书的主要功能；

● 工作说明书的写作格式；

● 工作说明书作业分析。

工作说明书，是指用书面形式对组织中各类岗位（职位）的工作性质、工作任务、责任、权限、工作内容和方法、工作环境和条件，以及本职务任职人资格条件所做的统一要求（书面记录）。

一、工作说明书的主要功能

（1）让组织以外人员了解业务和职责范围；

（2）建立工作程序和工作标准；

（3）阐明工作任务、责任与职权；

（4）为员工聘用、考核、培训等提供依据。

二、工作说明书的写作格式

服务机构的工作说明书，主要包括组织基本情况介绍、业务介绍、考核评价组织文化建设等内容。

以下是一份工作说明书的参考格式。

_____工作说明书

第一章　组织基本情况

　　一、组织名称及 LOGO 介绍

　　二、岗位设置及人员构成

　　三、组织工作职责

　　四、服务对象及工作目标

　　五、工作时间与员工任职要求

第二章　业务介绍

　　一、常规业务及业务流程

外围服务组织工作说明书

李洁瑶／兰　娟

目录

· 银行简介 ·

博发商业银行成立于 2019 年 3 月 1 日，位于繁荣的、充满人文气息的成都市温江区。经过持续努力和稳健发展，银行现已拥有优质的客户、多元的业务结构、强劲的创新能力和市场竞争力，并充分利用互联网金融发展推动经营管理模式和服务方式的根本变革，成为全国发展最佳的银行之一。

◇经营概况

目前，总资产 1 亿元；总负债 0 元；不存在不良贷款。

◇公司金融业务

1. 公司存贷款业务

为响应国家政策，我行为各公司、企业提供优质贷款（低利率、可延期还款），旨在促进城市发展与建设。我行的贷款业务根据贷款方式、额度、时限等设置不同的贷款利率，可满足广大公司的需求。目前，我行已经对外贷款上千万。

2. 结算与现金管理业务

为减少流程与手续，我行创新了"博银秒付"的业务，为企业员工提供面对面直接支付的支付方式，大大提高了支付结算效率。

◇金融资产服务业务

积极把握客户财富增长和资本市场发展的契机，构建全价值链的大资管业务体系，提升专业经营能力，为客户提供多元化、一体化的金融资产服务业务。

（1）企业保险业务。我行正式推出"神盾系列"保险产品，主要侧重于"工作意外停止"与"企业意外破产"，为减少企业的后顾之忧。此类保险保险费率低，赔偿金额高，旨在促进企业健康稳定发展。

（2）投资银行业务。银行正式推出"发发系列"理财产品，发发系列产品基于组合式基金、产业基金、PPP项目资本金等创新股权融资产品，不断丰富并完善资本金融资产品体系。

◇国际化、综合化经营

为扩大我行业务覆盖面，准备在2019年全面建设国际化业务，包括国际结算、国际投资、国际金融等。

◇信息化银行建设

深化和拓展大数据应用，推进数据仓库、集团信息库的统一管理及应用服务，不断丰富面向结构化数据的数据仓库和面向非结构化数据的信息库的基础，提升数据标准与质量。加快提高数据增值应用能力，建立分析师平台，加强在客户服务、精准营销、风险防控等重点业务领域的数据挖掘分析。

全面推动业务创新。建立适应互联网金融特点的产品研发和市场推广机制，建设统一高效的系统应用平台。

◇风险管理

2019年，本行会进一步完善全面风险管理体系，推进落实系统重要性银行等监管要求，不断完善风险管理技术和管理手段，全面提升风险管理水平。深化国别风险管理，加强重点国家和地区国别风险监测和限额管理；提升市场风险管理水平，积极落实境外机构市场风险分类管理，规范开展产品控制工作，强化资产管理业务市场风险管理；推进资本管理高级方法实施，优化信用、市场、操作风险计量体系，持续加强风险计量体系的监控、验证和管理应用。

◇社会责任

本行以"提供卓越金融服务——服务客户、回报股东、成就员工、奉献社会"为社会责任工作目标，始终立足于经济社会发展中各利益相关方的普遍诉求，致力实现经济、环境、社会的可持续发展和综合价值最大化。

·银行文化·

◇使命：

提供卓越金融服务

——服务客户

——回报股东

——成就员工

——奉献社会

◇愿景：

建设最盈利、最优秀、最受尊重的国际一流现代金融企业。

◇核心价值观：

博采众长，千帆竞发

——诚信、博采、稳健、创新、卓越

◇核心价值观指导下的相关理念：

经营理念：以市场为导向，以客户为中心，以效益为目标。

管理理念：细节决定成败，合规创造价值，责任成就事业。

服务理念：客户至上，始终如一。

风险理念：违规就是风险，安全就是效益。

人才理念：德才兼备，以德为本，尚贤用能，绩效为先。

廉洁理念：清正廉洁，风清气正。

·银行战略·

博发银行高度重视发展战略的制定与执行，坚持以战略指导业务发展。现今互联网发展迅速，我行也将致力于结合本行业务与互联网技术，发展创新互联网产品，为民众创造更加便捷的生活方式；为企业提供更简洁的办事流程。此外，我行将发展国际化业务，充分融入全球化进程中。

◇新三年规划的战略框架

今后一段时期，国内外经济金融环境仍具有较大的不确定性和复杂性，本行将按照新时期战略导向，以实体经济为依托，以稳质量、调结构、求创新、促改革为着力点，审时度势，主动作为，确保本行继续实现提质增效发展。一是实施信贷管理基础再造、不良贷款综合治理和全面风险管理提升三大工程，把好转型质量关；二是实施资产、负债、收益和渠道四大结构调整，构建与新市场、新业态相匹配的新型经营架构；三是实施信息化银行、零售金融、对公金融、大资管与综合化、国际化五大领域的创新转型，构筑起在新常态和利率市场化大背景下稳定盈利增长和扩大核心竞争优势的战略基础；四是深化体制机制改革，夯实转型发展的管理基础。

本行相信，新三年规划将对本行未来的经营发展起到重要的战略指导和推动作用，本行将抓好落地实施，推动全行转型发展再上新台阶。

·利率一览表·

◇存款利率如表 24.1 所示。

表 24.1　　　　　　　　　　　　存款利率表

存款项目	利率（季度，‰）
活期存款	4
整存整取定期存款	
三个月（一个季度）	23
一年（四个季度）	25
一年以上（大于四个季度）	26

◇贷款利率如表 24.2 所示。

表 24.2 　　　　　　　　　　　　贷款利率表

额度/利率 贷款类别	额度（最高）	利率（季度、‰）			
		三个月	六个月	一年	两年以上
抵押贷款	抵押物价值的 75%	47	48	50	51
质押贷款	质押物价值的 50%	45	47	48	49
信用贷款	80 万元	31	32	33	✕

★借款方如逾期不还借款，贷款方有权追回借款，并从到期日起付日息 10‰。

◇保险费率，如表 24.3 所示。

表 24.3 　　　　　　　　　　　　保险费率表

保障 项目		投保金额 （万元）	保险费率 （‰）	最高赔偿金额 （万元）	保障范围
工作意外停止	第一类	10~30	150~230	35	1. 因意外停电导致生产停止不能及时完成订单。 2. 因设备（电脑死机/电脑自动关机/电脑蓝屏等）意外故障，不能完成销售或者抢单。 3. 因出现手误（点击错误）导致生产过程发生意外，只能购买第三类保险
	第二类	30~100	240~300	115	
	第三类	100~500	300~500	530	
企业意外破产	第一类	100~500	500~550	600	1. 因无法完成生产需要赔偿违约金导致破产。 2. 因公司拖欠债务（拖欠生产厂商/工资/银行贷款）导致破产
	第二类	500~1 000	600~700	1 200	
	第三类	1 000~2 000	700~750	2 200	

★所需缴纳保费=投保金额×保险费率

◇理财产品利率如表 24.4 所示。

表 24.4 　　　　　　　　　　　　理财产品利率表

名称	其他		
	起购金额（万元）	期限	浮动利率（季度、‰）
"发发"一号	100	3 个月	25~28
"发发"二号	300	6 个月	28~32
"发发"三号	800	9 个月	32~36
"发发"四号	1 200	1 年	37~40

·银行业务·

◇转账业务

转账业务流程图，如图24.1所示。

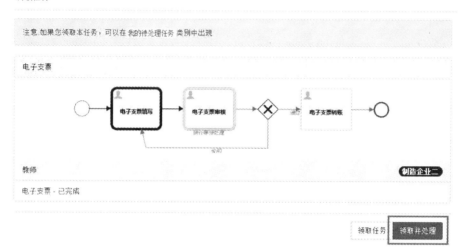

领取任务

注意：如果您领取本任务，可以在 我的待处理任务 类别中出现

电子支票

电子支票填写 → 电子支票审核 → ✕ → 电子支票转账

教师

电子支票·已完成

制造企业二

领取任务 领取并处理

24.1 转账业务流程图

➢转账由核心企业转出方在财务部模块中的转账界面发起：需要知道转入方核心企业的银行账号；

➢确认支票填写无误（注意确认转出企业账号和转出金额后，再点击提交）；

➢然后由银行进行支票处理；

➢银行驳回后需要企业再次提交，审核通过之后由银行进行转账；

➢银行完成转账之后，由转账发起方付款；

➢另一方进行收款，流程完毕。

◇贷款业务如表24.5所示。

表24.5　　　　　　　　　贷款额度及利率表

贷款类别	额度（最高）	利率（季度、‰）			
		三个月	六个月	一年	两年以上
抵押贷款	抵押物价值的75%	47	48	50	51
质押贷款	质押物价值的50%	45	47	48	49
信用贷款	80万元	31	32	33	✕

★借款方如逾期不还借款，贷款方有权追回借款，并从到期日起付日息10‰。

·抵押贷款

1. 定义

抵押贷款指借款者以一定的抵押品作为物品保证向银行取得的贷款。

贷款到期，借款者必须如数归还，否则银行有权处理抵押品作为一种补偿。

2. 申请条件

①必须是经工商行政管理部门核准注册，并按规定办理纳税登记和年检手续的企事业法人；产品有市场，生产经营有效益，不挤占挪用信贷资金，恪守信用。

②有按期还本付息能力，原应付贷款本息和到期贷款已清偿；没有清偿的，已经做了银行认可的偿还计划。

③经营收入核算利润总额近三季度持续增长，资产负债率控制在 50% 的良好值范围，现金流量充足、稳定。

3. 抵押品的范围

①存货抵押：企业掌握的各种货物，包括商品、原材料、在制品和制成品。

②设备抵押：机械设备、车辆、船舶等。

③不动产抵押：土地、房屋等不动产。

信用贷款

1. 定义

债务人无须提供抵押品或第三方担保就能取得贷款，以借款人信用程度作为还款保证。

贷款到期，借款者必须如数归还，否则将被禁止在 1 年内进行任何贷款。

2. 申请条件

①必须是经工商行政管理部门核准注册，并按规定办理纳税登记和年检手续的企事业法人；产品有市场，生产经营有效益，不挤占挪用信贷资金，恪守信用。

②经营收入核算利润总额近三季度持续增长，资产负债率控制在 40% 的良好值范围，现金流量充足、稳定。

③企业承诺不以其有效经营资产向他人设定抵（质）押，或对外提供保证，或在办理抵（质）押等及对外提供保证之前征得贷款银行同意。

④企业经营管理规范，无逃废债、欠息、逃税等不良信用记录。

·质押贷款

1. 定义

质押贷款是以借款人或第三人的动产或权利为质押物发放的贷款。

贷款期间，质押物交给贷款机构代为保管，借款方不能使用。

贷款到期，借款者必须如数归还，否则作为一种补偿银行有权处理抵押品。

2. 申请条件

①必须是经工商行政管理部门核准注册，并按规定办理纳税登记和年检手续的企事业法人；产品有市场，生产经营有效益，不挤占挪用信贷资金，恪守信用。

②有按期还本付息能力，原应付贷款本息和到期贷款已清偿；没有清偿的，已经做了银行认可的偿还计划。

③经营收入核算利润总额近三季度持续增长，资产负债率控制在 50% 的良好范围内，现金流量充足、稳定。

3. 质押品范围

①有价证券抵押：银行汇票、银行承兑汇票、支票、本票、存款单、国库券等。

②动产抵押：依法可以转让的股份（股票）、商业承兑汇票、仓单、提单等。

◇贷款流程

各企业在申请贷款前请务必提交资产负债表，否则银行将不予办理贷款业务。

贷款业务的流程如图 24.2 所示。

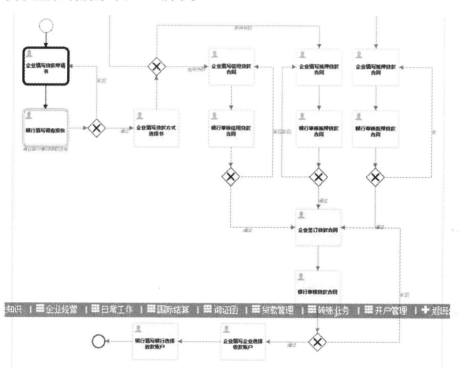

图 24.2　贷款业务流程图

➤企业依次进入商业银行界面、贷款业务、申请贷款界面；

➤点击领取并处理，处理任务；

➤填写贷款申请书，如表 24.6 所示。

经管类跨专业综合仿真实验

表 24.6 贷款申请书（范本）

公司简介
博博家科技有限公司主要进行通信设备研发、生产工作……
贷款理由
博博家急需一笔资金用于开展公司业务
贷款金额
10 000 000　只填数字（整数），不填单位
贷款用途
开展公司业务
附营业执照及企业法人营业执照、资产负债表

➤银行审核；

➤企业选择一种贷款方式（信用贷款/质押贷款/抵押贷款）。

2.1 抵押贷款

➤企业填写抵押贷款合同，如表 24.7 所示。

表 24.7 贷款抵押合同（范本）

合同编号	请到银行办事处领取		
抵押人（甲方）	博博家科技有限公司		
住址	西南财经大学	邮政编码	611130
法定代表人（负责人）	博博		
传真	921106	电话	921106
抵押权人（乙方）	博发银行		
住址	西南财经大学	邮政编码	611130

负责人	李洁瑶		
传真	209383	电话	209383

1. 抵押物名称及清单

抵押物名称：甲方将自己所有的一辆黑色方圆牌（R18）汽车（车牌号：川 A×××××，发动机号：××××，车架号：×××××，行驶证登记人：博博）于 2017 年 03 月 13 日抵押给乙方。

抵押物价值：甲方车辆经双方议定估价为 14 000 000 元。

2. 担保范围 _____1_____ 种

3. 担保金额 10 000 000　　只填数字（整数），不填单位

4. 抵押财务登记

甲方车辆经双方议定估价为 14 000 000 元，已登记。

5. 甲方、乙方各自的权利与义务及承担的债务

　　（1）借款方（甲方）承担从乙方（博发银行）处借出的 10 000 000 元债务，以及按合同规定的用途使用借款并按期偿还借款及付清利息的义务；拥有在贷款期限内使用款项的权利。

　　（2）贷款方（乙方）承担向甲方（博博家科技有限公司）提供 10 000 000 元贷款的义务；若借款方不按合同规定的用途使用借款，乙方拥有收回部分或全部贷款，及对违约使用的部分按银行规定的利率加收罚息的权利。

6. 甲乙双方的违约责任

（1）借款方（甲方）的违约责任

　　①借款方不按合同规定的用途使用借款，贷款方有权收回部分或全部贷款，对违约使用的部分，按银行规定的利率加收罚息。

　　②借款方如逾期不还借款，贷款方有权追回借款，并从到期日起付日息 1%。

　　③借款方使用借款造成损失浪费或利用借款合同进行违法活动的，贷款应追回贷款本息，有关单位对直接责任人应追究行政和经济责任。情节严重的，由司法机关追究刑事责任。

　　（2）贷款方（乙方）的违约责任

　　①贷款方未按期提供贷款，应按违约数额和延期天数，付给借款方违约金。违约金数额的计算与加收借款方的罚息计算相同。

　　②利用借款合同进行违法活动的，追究行政和经济责任。情节严重的，由司法机关追究刑事责任。

2.2 信用贷款

信用借款合同（范本）

请到银行办事处领取 （ ）号合同　第＿＿＿＿＿＿号

经＿博发＿银行（下称贷款方）与＿博博家科技有限公司＿（下称借款方）充分协商，根据《借款合同条例》和＿博发＿银行的有关规定签订本合同，共同遵守。

第一条　自 2019 年 3 月 21 日起，由贷款方向借方提供抵押（种类）贷款（大写）壹仟万元，还款期限至 2019 年 6 月 21 日止，利息按季息 31‰计算。如遇国家贷款利率调整，按调整后的新利率和计息方法计算。

......

第三条　借款方愿遵守贷款方的有关贷款办法规定，并按本合同规定用途使用贷款。否则，贷款方有权停止发放贷款，收回或提前收回已发放的贷款。对违约部分，按规定加收 10‰的季度利息。

第四条　借款方保证按期偿还贷款本息。如需延期，借款方必须在贷款到期前提出书面申请，经贷款方审查同意，签订延期还款协议。借款方不申请延期或双方未签订延期还款协议的，从逾期之日起，贷款方按规定加收 10‰的季度利息，并可随时从借款方存款账户中直接扣收逾期贷款本息。

......

本合同一式 2 份，借、贷双方各持 1 份。

借方：博博家科技有限公司	贷方：博发银行
借款单位：＿＿＿＿＿＿（公章）或合同专用章 法定代表人（签章）：博博 经办人（签章）：博博 开户银行及账号：博发银行 账号见开户许可证	贷款单位：＿＿＿＿＿＿（公章）或合同专用章 法定代表人（签章）：李洁瑶 经办人（签章）：　兰娟 开户银行及账号：博发银行

223

签约日期：2019 年 3 月 21 日

签约地点：　西南财经大学

➢抵押合同/信用贷款合同/质押合同签订完后，贷款企业需签订贷款合同，如表 24.8 所示。

表 24.8　　　　　人民币资金借贷合同（范本）

项目	与合同编号相同
合同编号	与合同编号相同

贷款种类	抵押/信用/质押贷款		
借贷人（甲方）	博博家科技有限公司		
住址	西南财经大学	邮编	611130
法定代表人	博博		
传真	921106	电话	921106
贷款人（乙方）	博发银行		
住址	西南财经大学		
负责人	李洁瑶	邮编	611130
传真	209383	电话	209383
借款金额	10 000 000　只填数字（整数），不填单位		
借款用途	开展公司业务		
借款期限	4　只填数字（整数），不填单位（单位为季）		
借款利率种类	短期贷款		
借款利率	50　按利率表填写，只填数字（整数），不填单位		
贷款种类	抵押贷款		
违约责任	（1）借款方不按合同规定的用途使用借款，贷款方有权收回部分或全部贷款，对违约使用的部分，按银行规定的利率加收罚息。 （2）借款方如逾期不还借款，贷款方有权追回借款，并从到期日起付日息1%。 （3）借款方使用借款造成损失浪费或利用借款合同进行违法活动的，贷款方应追回贷款本息，有关单位对直接责任人应追究行政和经济责任。情节严重的，由司法机关追究刑事责任。		
罚金利率	10　按利率表填写，只填数字（整数），不填单位		

➢银行放款。

◇3"神盾"保险

1. 定义

保险是指投保人根据合同约定，向保险人支付保险费，保险人对于合同约定的可能发生的事故因其发生所造成的财产损失承担赔偿保险金责任。

2. 保险原则

①诚实信用原则

保证保险合同当事双方能够诚实守信，履行自己的义务。

②赔偿原则

在特定灾害事故发生时，在保险的有效期和保险合同约定的责任范围以及保险金额内，保险人按其实际损失金额给予投保人补偿。

③近因原则

近因是损害发生的最直接、最有效、最起决定性的原因，而并不是指最近的原因。如果近因属于被保风险，则保险人应赔偿，如果近因属于除外责任或者未保风险，则保险人不负责赔偿。

3. 购买流程

➢认真阅读保险产品与相关保险条款；

➢在 QQ 群文件里下载空白保险单（如表 24.10、表 24.11 所示）并填写；（法定代表人签字打印后手签，保险单号码不填）

➢打印填好的保险单（附保险条款，双面打印）；

➢携带保险单、公司营业执照、银行开户许可证到银行处办理；

➢在银行处签订保险合同，完成办理。

保险产品如表 24.9 所示。

＊保险期间：从购买日起至课程结束日止。

＊特别提示：请至少于事故发生前一个季度购买。

表 24.9　　　　　　　　　　保险产品表

保障项目		投保金额（万元）	保险费率（‰）	最高赔偿金额（万元）	保障范围
工作意外停止	第一类	10 ~ 30	150 ~ 230	35	1. 因意外停电导致生产停止不能及时完成订单； 2. 因设备（电脑死机/电脑自动关机/电脑蓝屏等）意外故障，不能完成销售或者抢单； 3. 因出现手误（点击错误）导致生产过程发生意外，只能购买第三类保险
	第二类	30 ~ 100	240 ~ 300	115	
	第三类	100 ~ 500	300 ~ 500	530	
企业意外破产	第一类	100 ~ 500	500 ~ 550	600	1. 因无法完成生产需要赔偿违约金导致破产； 2. 因公司拖欠债务（拖欠生产厂商贷款、工资、银行贷款）导致破产
	第二类	500 ~ 1 000	600 ~ 700	1 200	
	第三类	1 000 ~ 2 000	700 ~ 750	2 200	

★所需缴纳保费=投保金额×保险费率

表 24.10　　　　　　　　工作意外停止保险单（范本）

保险单号码：_____

鉴于　　博博家科技有限公司　　（以下称被保险公司）已向本公司投保意外工作停止保险并按本保险条款约定交纳保险费，本公司特签发本保险单并同意依照意外工作停止保险基本险条款及其特别约定条件，承担被保险公司财产的保险责任。

名称　　　　其他	投保金额（万元）	保险费率（‰）	最高赔偿金额（万元）	具体投保项目及金额
第一类	10～30	150～230	35	第二类投保金额 50 万整
第二类	30～100	240～300	115	
第三类	100～500	300～500	530	

总金额小写：500 000.00　　　　大写：伍拾万元整

保险责任期自　2019 年 3 月 13 日 9 时起至 2020 年 3 月 12 日 24 时止

特此声明：发生保险事故时，被保险人未按约定交付保险费，本公司不负赔偿责任。

特别约定	被保险公司信息： 名称：　博博家科技有限公司 地址：　西南财经大学 电话：　921106 法定代表人签字（盖章）：_____ 时间：　2019 年 3 月 13 日	保险单位信息： 名称：　　狗哥保险 地址：　西南财经大学 电话：　880216 法定代表人签字（盖章）：_____ 时间：　2019 年 3 月 13 日

保险条款：

一、保险范围

公司在规定的时间内缴纳保费，在保险期间，发生工作意外停止事件，导致公司亏损，属于保险范围。

二、责任范围

（1）因意外停电导致生产停止，不能及时完成订单；

（2）因设备（电脑死机/电脑自动关机/电脑蓝屏等）意外故障，不能完成销售或者抢单；

  （3）因出现手误（点击错误）导致生产过程发生意外，只能购买第三类保险。

  （4）保险人与受益人未违反保险原则。

  三、除外责任

  （1）公司意外停止不在上述范围内的，不属于保险范围；

  （2）因公司个人报复导致公司机械故障，公司亏损，不属于保险范围；

  （3）因公司违反法律法规，吊销营业执照的，不属于保险范围。

  四、赔偿处理

  （1）公司在工作意外停止后一个季度内，可提供申请，进行赔偿；

  （2）在保险责任范围内，根据现实利率进行赔偿。

  甲方与乙方签订保险合同并按上述保险条款切实履行义务，如有违反，将赔付违约金（保险金额的400‰）。

表 24.11　　　　　　　　**企业破产保险单（范本）**

保险单号码：_____

  鉴于　博博家科技有限公司　（以下称被保险公司）已向本公司投保企业破产保险并按本保险条款约定交纳保险费，本公司特签发本保险单并同意依照破产保险基本险条款及其特别约定条件，承担被保险人财产的保险责任。

名称	投资金额（万元）	保险费率（‰）	最高赔偿金额（万元）	具体投保项目及金额
第一类	100～500	500～550	600	第二类投保金额1 500万元整
第二类	500～1 000	600～700	1 200	
第三类	1 000～2 000	700～750	2 200	

总金额小写：15 000 000.00 大写：壹仟伍佰万元整

保险责任期自 2019 年 3 月 13 日 9 时起至 2020 年 3 月 12 日 24 时止

特此声明：发生保险事故时，被保险人未按约定交付保险费，本公司不负赔偿责任。

特别约定	被保险公司信息： 名称： 博博家科技有限公司 地址： 西南财经大学 电话： 921106 法定代表人签字（盖章）： _____ 时间： 2019 年 3 月 13 日	保险单位信息 名称： 狗哥保险 地址： 西南财经大学 电话： 880216 法定代表人签字（盖章）： _____ 时间： 2019 年 3 月 13 日

保险条款：

一、保险范围

公司在规定的时间内缴纳保费，在保险期间，公司已破产，且已经进行评估清算处理，均属于保险范围。

二、责任范围

1. 因无法完成生产需要赔偿违约金导致破产；

2. 因公司拖欠债务（拖欠生产厂商货款/工资/银行贷款导致破产）；

3. 保险人与受益人未违反保险原则。

三、除外责任

1. 公司破产不在上述范围内的，不属于保险范围；

2. 公司因公司法人代表私自卷款逃走，导致公司破产，不属于保险范围；

3. 因公司违反法律法规，吊销营业执照的，不属于保险范围。

四、赔偿处理

1. 公司破产后在一年期间内，可提供申请，进行赔偿；

2. 在保险责任范围内，根据现实利率进行赔偿。

甲方与乙方签订保险合同并按上述保险条款切实履行义务，如有违反，将赔付违约金（保险金额的 400‰）。

保险合同（范本）

今甲公司（ 狗哥保险 ）与乙公司（ 博博家科技有限公司 ）签订 工作意外停止／企业意外破产 保险合同，如果有一方没有遵守该保险合同，将向另一方赔付相应违约金（投保金额的 400‰）。

经管类跨专业综合仿真实验

具体条款：（参照保险条款）

此文件一式两份，请甲方与乙方妥善保管。

甲公司法定代表人（签字并盖章）：＿＿＿＿＿＿

乙公司法定代表人（签字并盖章）：＿＿＿＿＿＿

时间：2019 年 3 月 19 日
地点：西南财经大学
◇"发发"理财
1/定义
个人或者企业在一定时间内将一定金额储存在银行，享受低风险与高利率的待遇。
2/购买流程
➢在 QQ 群文件中详细阅读理财产品的种类及相关信息，如表 24.12 所示；
➢携带营业执照、银行开户许可证到银行办理；
➢在银行处填写理财产品申购书，签订理财合同，完成办理，如表 24.13 所示。

表 24.12　　　　　　　　　　　理财产品种类及相关信息

名称	其他		
	起购金额（万元）	期限	浮动利率（‰）
"发发"一号	100	3 个月	25~28
"发发"二号	300	6 个月	28~32
"发发"三号	800	9 个月	32~36
"发发"四号	1 200	1 年	37~40

到期收益＝申购金额×实际利率（‰）

表 24.13　　　　　　　　　　　理财产品申购书（范本）

申请公司	申购金额（万元）	申购时间	赎回时间
博博家科技有限公司	2 000	2019.03.13	2020.03.23
申购产品	利率（‰）	预计到期收益（万元）	
"发发"二号	28~33		
法定代表人签字	博博		

申请公司	申购金额（万元）	申购时间	赎回时间
财务总监签字	小青		
银行盖章	博发银行		

理财合同（范本）

今甲公司（ <u>博发银行</u> ）与乙公司（ <u>博博家科技有限公司</u> ）签订理财产品 <u>"发发"一号</u> 购买合同，甲方与乙方应遵守以下条约：

1. 理财产品是浮动利率，所以购买者需无条件接受不同利率；

2. 理财产品不能提前终止，如果中途强制取出款项，利率将以活期存款利率计算；

3. 理财产品可以延迟终止，但延期时间利率按活期存款利率计算。

此文件一式两份，请甲方与乙方妥善保管。

甲公司法定代表人（签字并盖章）：<u>李洁瑶</u>
乙公司法定代表人（签字并盖章）：<u>博博</u>

时间：2019 年 3 月 19 日
地点：西南财经大学

第二十五讲
工作总结的写作方法

学习目标

● 工作总结的写作意义；

● 工作总结的写作格式；

● 工作总结的表达要求；

● 工作说明书作业分析。

工作总结就是把一个时间段的工作进行一次全面系统的总检查、总评价、总分析、总研究，并分析成绩的不足，从而得出引以为戒的经验。总结是应用写作的一种，是对已经做过的工作进行的理性思考。总结与计划是相辅相成的，要以工作计划为依据，订计划是在总结经验的基础上进行的。点结与计划遵循一条规律：计划—实践—总结—再计划—再实践—再总结。

一、工作总结的写作意义

当工作进行到一定阶段或告一段落时，需要回过头来对所做的工作认真地分析研究一下，肯定成绩，找出问题，归纳出经验教训，提高认识，明确方向，以便进一步做好工作，并把这些用文字表述出来，这时就需要进行工作总结。

工作总结的写作过程，既是对自身社会实践活动的回顾过程，又是人们思想认识提高的过程。

通过总结，人们可以把零散的、肤浅的感性认识上升为系统的、深刻的理性认识，从而得出科学的结论，以便改正缺点，吸取经验教训，使今后的工作少走弯路，多出成果。

工作总结还可以作为先进经验而被上级推广，为其他单位所汲取、借鉴，从而推动实际工作的顺利开展。

二、工作总结的写作结构

书写工作总结要用第一人称。即要从本单位、本部门的角度来撰写。表达方式以叙述、议论为主，说明为辅，可以夹叙夹议的方式总结。总结要写得有理论价值。一方面，要抓主要矛盾，无论谈成绩或是谈存在问题，都不需要面面俱到。另一方

231

面，对主要矛盾进行深入细致的分析，如谈成绩要写清怎么做的，为什么这样做，效果如何，经验是什么；谈存在问题，要写清是什么问题，为什么会出现这种问题，其性质是什么，教训是什么。这样的总结，才能对前一段的工作有所反思，并由感性认识上升到理性认识。

和其他应用文体一样，总结的正文也分为开头、主体、结尾三部分，各部分均有其特定的内容。

（一）开头

总结的开头主要用来概述基本情况，包括单位名称、工作性质、主要任务、时代背景、指导思想，以及总结目的、主要内容提示等。作为开头部分，应以简明扼要的文字写明在本总结所包括的期限内的工作根据、指导思想以及对工作成绩的评价等内容。它是工作总结的引言，便于把下面的内容引出来，只要很短的一段文字就行了。

（二）主体

这是总结的主要部分，内容包括成绩和做法，经验和教训，今后打算等方面。这部分篇幅大、内容多，要特别注意层次分明、条理清楚。

1. 主体常见结构

工作总结主体部分常见的结构形态有三种。要根据实际需要选择好。

第一，纵式结构。写作时，把总结所包括的时间划分为几个阶段，按时间顺序分别叙述每个阶段的成绩、做法、经验、体会。这种写法主要以工作回顾连带谈及经验教训为主。基本上是按工作展开的程序和步骤，分段说明每个步骤和阶段的工作情况，夹叙夹议地引出相应的经验教训。这样写，主要着眼于工作过程的回顾。这种写法的好处是事物发展或社会活动的全过程清楚明白。

第二，横式结构。按事实性质和规律的不同分门别类地依次展开内容，使各层次之间呈现相互并列的态势。这种写法的优点是各层次的内容鲜明集中。

第三，纵横式结构。安排内容时，既要考虑到时间的先后顺序，体现事物的发展过程，又要注意内容的逻辑联系，从几个方面总结出经验教训。这种写法，多数是先采用纵式结构，写事物发展的各个阶段的情况或问题，然后用横式结构总结经验或教训。具体写法是以总结经验教训为主，用工作回顾阐明经验教训。

主体部分的外部形式，有贯通式、小标题式、序数式三种情况。

贯通式适用于篇幅短小、内容单纯的总结。它像一篇短文，全文之中不用外部标志来显示层次。

小标题式将主体部分分为若干层次，每层次加一个概括核心内容的小标题，重心突出，条理清楚。

序数式也将主体分为若干层次，各层次用"一、二、三……"的序号排列，层次一目了然。

2. 主体常见内容

（1）工作回顾。工作回顾要详细地叙述工作任务、完成的步骤、采取的措施和取得的成效、存在的问题。特别是对步骤和措施，要写得详细、具体，对取得的成效要表达得形象、生动。在写工作回顾的过程中，还要有意识地照应到下一部分的经验教训，使之顺理成章地引出来，不至于造成前后不一的感觉。

（2）经验教训。经验教训应从工作回顾中很自然地归纳提炼出来。一定要写得丰富、充实，并选用具体事例适当地展开议论，使总结出来的经验和教训，有论点，有论据，有血有肉，鲜明生动，给人以启发和教益。

（3）结尾。结尾是正文的结束，应在总结经验教训的基础上，提出今后的方向、任务和措施，表明决心、展望前景。这段内容要与开头相照应，篇幅不应过长。有些总结在主体部分已将这些内容表达过了，就不必再写结尾。总结正文写完以后，应该在正文的右下方（指横行文字），写上总结单位的名称和总结的年月日。

三、工作总结的表述要求

（一）要善于抓重点

总结涉及本单位工作的方方面面，但不能不分主次、轻重、面面俱到，而必须抓住重点。工作重点，是指工作中取得的主要经验，或发现的主要问题，或探索出来的客观规律。

（二）要写得有特色

特色，是区别于他事物的属性。组织机构不同，成绩各异。同一个组织的总结与往年也应该不同。总结经验是提高自己的重要方法。任何单位或个人在开展工作时都有自己一套不同于别人的方法，经验体会也各有不同。写总结时，在充分占有材料基础上，要认真分析、比较，找到重点，不要停留在一般化上。

（三）观点与材料统一

总结中的经验体会是从实际工作中，也就是从大量事实材料中提炼出来的。经验体会一旦形成，又要选择必要的材料，最好是可以明确量化的材料予以说明，经验体会才能"立"起来，具有实用价值。这就是观点与材料的统一。

（四）语言要准确、简明

总结的文字要做到判断明确，就必须用词准确，用例确凿，评断不含糊。简明则是要求在阐述观点时，做到概括与具体相结合，切忌笼统、累赘，做到文字朴实，简洁明了。

（五）坚持实事求是原则

实事求是、一切从实际出发，这是总结写作的基本原则。

后　记

- -

　　《经管类跨专业综合仿真实验》的教材编写工作终于结束了。这本教材我们酝酿了五年多的时间，其间经历了虚拟仿真实验教室与教具的不断完善与再设计；经历了跨专业综合模拟仿真实验平台的多次优化与升级；经历了教师团队的若干次选拔、培训与再提升；经历了一批批学生的实践；经历了一场场行业交流会的研讨、探索与提高；经历了中国大学MOOC课程建设与在线开放教学……直到今天，我们终于有信心和欲望，将这些沉淀转化为文字，以实验教材的形式，分享给更多同行教师、培训师与学习者们参考使用。

　　现代高校创新、创业综合实验教育，是教育发展战略、硬件与软件建设，教师课程设计三位一体的综合体。硬件与软件建设搭建了教育发展战略的环境基础，教师课程设计影响了教育发展战略的细分目标。跨专业综合模拟仿真实验教学，其综合性创新、创业人才培养目标，决定了其教学方法的灵活多样，加之不同教师的教学经历不同，不同学生的专业方向有别，更增加了课程的个性化差异，也更利于培养优秀的个性化人才。《经管类跨专业综合仿真实验》的编写、出版与使用，并非希望削弱课程的个性化差异，而是希望通过这本实验教材，帮助更多的教师、培训师、学生在多元中定方向，在多元中谋共识。

　　最后由衷地感谢所有帮助、支持我们建设跨专业综合模拟仿真实验平台的各级领导和同事、北京方宇博业科技有限公司、同行师生、各界媒体及亲朋好友！

编者

2019 年 10 月

234

经／管／类／跨／专／业／综／合／仿／真／实／验